现代经济管理与会计实践创新

史桂香　祖　英　郑坤月◎主编

中国商业出版社

图书在版编目（CIP）数据

现代经济管理与会计实践创新 / 史桂香，祖英，郑坤月主编. -- 北京 ：中国商业出版社，2025. 8.
ISBN 978-7-5208-3577-0

Ⅰ. F275.2

中国国家版本馆CIP数据核字第20254VG499号

责任编辑：袁　娜

中国商业出版社出版发行

（www.zgsycb.com　100053　北京广安门内报国寺1号）

总编室：010-63180647　编辑室：010-83128926

发行部：010-83120835/8286

新华书店经销

天津和萱印刷有限公司印刷

★

710毫米×1000毫米　16开　12.75 印张　210千字

2025年 8月第 1 版　　2025年 8月第 1 次印刷

定价：72.00 元

★★★★

（如有印装质量问题可更换）

编委会

主　编：

史桂香（邓州市水库运行保障中心）

祖　英（乌鲁木齐市公共资源交易中心）

郑坤月（河北省地质环境监测院）

副主编：

苏　茜（青岛市黄岛区人民医院）

洪青卉（合肥职业技术学院）

许　超（山东高速信息集团有限公司）

刘保春（日照岚山农村商业银行股份有限公司）

王铁星（烟台市莱山公路建设养护中心）

前言

在当今复杂多变且充满机遇与挑战的经济环境中，现代经济管理与会计实践的创新发展，已然成为推动社会经济稳健前行、实现高质量发展的核心动力。《现代经济管理与会计实践创新》正是在这一时代浪潮下，为满足读者对专业知识的探索需求而精心打造的专业书籍。

本书全方位、深层次地探索了现代经济管理与会计实践领域的诸多关键议题。开篇从现代经济管理基础着手，详细阐释其概念、特征、理论体系，以及在当下经济格局中面临的重要挑战，为后续深入探讨筑牢基石。在会计相关内容方面，本书以基本原理、核算流程为基础，逐步深入研究核算方法创新以及管理会计与财务会计的有机融合。与此同时，本书还深度钻研了风险管理、会计信息化等当下备受关注且至关重要的领域，以及财务管理基础、预算成本控制、资金融通等经济管理中的核心环节。

本书的创作初衷是为广大读者构建一个系统且全面的知识架构，助力读者深刻理解现代经济管理与会计实践之间千丝万缕的紧密联系与相互作用。无论是专业的会计人员、经济管理人员，还是怀揣求知热情、致力于在该领域深入探索的学生群体，都能从本书中挖掘到丰富的知识宝藏。通过对各章节内容的潜心研读，读者能够精准洞察经济管理与会计实践的创新趋势，掌握实用的创新方法与策略，进而在实际工作或学术研究中，从容应对各类挑战，作出科学合理的决策。

尽管笔者在撰写过程中竭尽全力，但由于经济管理与会计领域的知识日新月异，书中难免存在不足之处，还望各位读者海涵并予以指正。笔者衷心期望本书能够成为读者在现代经济管理与会计实践创新征程中的得力伙伴，为推动经济领域的学术研究与实际应用发展添砖加瓦。

目录

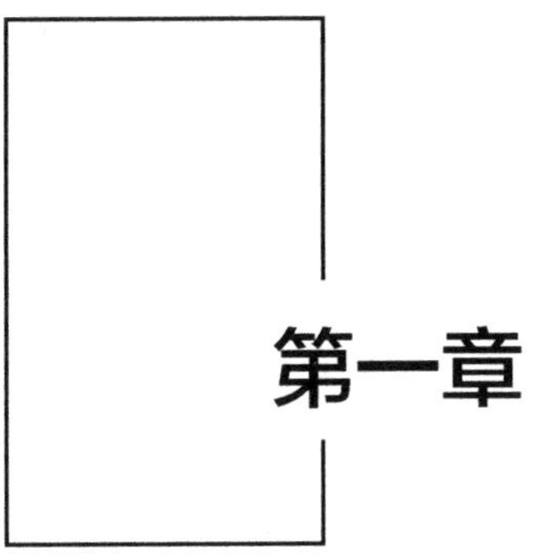

第一章

现代经济管理基础

第一节　现代经济管理的概念与特征

一、现代经济管理的基本概念

（一）管理的本质与内涵

管理，从广义上讲，是指一定组织中的管理者，通过实施计划、组织、领导、协调、控制等职能来协调他人的活动，使别人同自己一起实现既定目标的活动过程。这一概念强调了管理者在组织中的核心地位，以及通过一系列职能实现目标的过程。在早期，管理主要侧重对生产活动的组织与协调，确保生产任务的顺利完成。随着社会的发展，管理的范畴不断拓展，涵盖了组织运营的各个方面。

管理的核心在于协调资源。资源是组织开展活动的基础，包括人力、物力、财力、信息等。管理者需要根据组织的目标，合理地分配和利用这些资源，以达到最优的效果。例如，在一个大型项目中，管理者需要协调不同专业的人员、调配各种设备和物资、合理安排资金的使用，同时充分利用各种信息资源，确保项目按时、高质量地完成。

（二）经济管理的范畴界定

经济管理是在管理的基础上，针对经济活动进行的管理。它主要关注如何在经济活动中有效地配置资源，以实现经济效益的最大化。经济管理涉及宏观和微观两个层面。宏观经济管理主要研究国家或地区的经济政策、经济发展战略、产业布局等，旨在通过宏观调控手段，如财政政策、货币政策等，促进整个经济体系的稳定和发展。微观经济管理则侧重于单个经济主体，如某个部门或项目的经济活动管理，包括成本控制、收益分析、资源分配等方面。

（三）现代经济管理的定义

现代经济管理是在传统经济管理的基础上，融合了现代科学技术、管理理念和方法，以适应现代社会经济发展需求的一种管理模式。它强调运用系统的、动态的、创新的思维方式来处理经济管理中的各种问题。

现代经济管理更加注重以人为本。在传统经济管理中，管理者往往更关注生产效率和经济效益，而对人的因素考虑相对较少。现代经济管理者认识到，人是组织中最宝贵的资源，只有充分调动人的积极性和创造性，才能实现组织的可持续发展。因此，现代经济管理强调通过激励机制、培训与发展等方式，提高员工的工作满意度和忠诚度，从而提升组织的整体绩效。

现代经济管理还强调信息化和数字化。随着信息技术的飞速发展，信息已经成为一种重要的经济资源。现代经济管理借助先进的信息技术，实现信息的快速收集、处理和传递，为管理者提供及时、准确的决策依据。例如，通过大数据分析技术，管理者可以深入了解市场需求、消费者行为等信息，从而制定更加精准的营销策略。

二、现代经济管理的核心特征

（一）系统性与整体性

1.系统思维的运用

现代经济管理将所管理的对象视为一个系统，这个系统由多个相互关联、相互作用的子系统组成。例如，一个大型项目可以被看作一个由人力资源子系统、物资管理子系统、财务管理子系统、进度控制子系统等组成的复杂系统。管理者需要运用系统思维，是从整体上考虑各个子系统之间的关系，而不是孤立地看待某个子系统。

系统思维要求管理者在制定决策时，不仅要考虑决策对某个子系统的影响，还要考虑决策对整个系统的影响。例如，在决定增加某个项目的研发投入时，管理者需要考虑这一决策对项目的资金流、人力资源分配、项目进度和最终收益等多个方面的影响。管理者如果只考虑研发投入对技术创新的促进作用，而忽视了可能导致的资金短缺或人力资源紧张等问题，就可能会对整个项目的顺利进行产生负面影响。

2.整体目标的导向

现代经济管理强调以实现整体目标为导向。各个子系统的目标都应服从于整体目标，并且通过相互协作来实现整体目标的最大化。例如，在一个跨部门的项目中，每个部门都有自己的任务和目标，但这些目标必须与项目的整体目标一致。某个部门如果为了追求自身的短期利益而忽视了项目的整体目标，就可能会导致项目的失败。

为了确保整体目标的实现，管理者需要建立有效的沟通机制和协调机制。管理者可以通过定期的项目会议、信息共享平台等方式，促进各部门之间的沟通与协作，及时解决出现的问题和冲突。同时，管理者还需要制定明确的绩效评估标准，将整体目标分解为各个子系统的具体目标，并根据各个子系统对整体目标的贡献程度进行绩效评估，以激励各个子系统为实现整体目标而努力。

（二）适应性

现代社会经济环境变化迅速，如技术创新、市场需求变化、政策法规调整等。现代经济管理要求组织具备快速适应环境变化的能力，及时调整管理策略和方法，以应对各种挑战和机遇。为了提高适应环境变化的能力，组织需要加强对外部环境的监测和分析。通过建立市场情报系统、政策研究团队等方式，及时了解外部环境的变化趋势，为管理决策提供依据[①]。

（三）信息化

现代经济管理与信息技术深度融合，信息技术已经成为现代经济管理不可或缺的工具和手段。通过信息技术，管理者可以实现信息的快速收集、处理和传递，提高管理效率和决策的科学性。

在信息收集方面，管理者利用大数据技术、物联网技术等，可以实时收集海量的内外部数据，包括市场数据、生产数据、财务数据等。这些数据为管理者提供了全面、准确的信息基础，有助于管理者深入了解组织的运营状况和市场动态。例如，管理者通过物联网设备，可以实时监测生产设备的运行状态、产品质量等信息，及时发现问题并进行处理。

---

① 刘阔.新公共管理理论视角下事业单位经济管理的优化策略研究[J].投资与创业,2024,35(24):113−115.

在信息传递方面，组织凭借互联网技术、移动通信技术等，实现信息的即时传递与共享。如此一来，管理者能够随时随地获取所需信息，进而作出即时决策。而在信息处理领域，数据分析技术、人工智能技术等被组织应用，用于对收集的数据进行深度分析，挖掘出数据背后隐藏的规律和趋势。

三、现代经济管理与传统经济管理的对比

（一）管理理念的差异

1.传统经济管理理念的局限性

传统经济管理理念主要侧重生产效率的提高和成本的控制，以实现利润最大化。在这种理念下，经营主体往往将员工视为生产工具，注重对员工的任务分配和监督，而忽视了员工的个人需求和发展。同时，传统经济管理对市场变化的敏感度较低，往往采用较为保守的管理策略，缺乏创新意识。

2.现代经济管理理念的先进性

现代经济管理理念更加注重以人为本、创新驱动和可持续发展。以人为本的理念强调员工是组织的核心资源，重视员工的个人发展和价值实现，通过激励机制、培训与发展等方式，提高员工的工作积极性和创造力。创新驱动的理念鼓励组织不断进行技术创新、管理创新和商业模式创新，以适应市场变化和提高竞争力。可持续发展的理念要求组织在追求经济效益的同时，关注社会效益和环境效益，实现经济、社会和环境的协调发展。

（二）管理方法的演进

1.传统经济管理方法的特点

传统经济管理主要采用经验管理和定性分析的方法。管理者凭借自己的经验和直觉进行决策，缺乏科学的数据分析和理论支持。在管理过程中，管理者主要采用行政命令和规章制度来约束员工的行为，管理方式较为单一。

2.现代经济管理方法的创新

现代经济管理广泛应用科学技术和数据分析，采用定量分析与定性分析相结合的方法。例如，管理者运用运筹学、统计学等方法，对管理问题进行建模和分析，为决策提供科学依据。同时，现代经济管理更加注重人性化管理和团队协作，采用目标管理、绩效管理、团队建设等多种管理方法，激发员工的工作积极性和创造力。

在项目管理中，现代经济管理运用项目管理软件，对项目的进度、成本、质量等进行精确的规划和控制。管理者通过制定明确的项目目标和任务分解，将项目目标落实到每个团队成员身上，同时采用绩效评估和激励机制，确保项目的顺利进行。在人力资源管理中，管理者运用人才测评技术、培训需求分析等方法，实现人才的精准选拔和个性化培训，提高人力资源管理的效率和效果。

四、现代经济管理的发展趋势

人工智能技术不断发展，其在现代经济管理中的应用越来越广泛。人工智能技术可以实现自动化决策、智能预测和智能客服等功能，大大提高管理效率和决策的科学性。

（一）智能管理系统的构建

1.智能生产管理系统

智能生产管理系统依托传感器与物联网技术，实现对生产设备运行数据、原材料消耗状况和产品质量指标等信息的实时收集。通过即时分析这些数据，系统能够自动调节生产参数，完善生产流程，完成生产过程的智能化操控。以生产设备为例，系统一旦监测到某台设备的运行温度出现异常攀升，便会即刻发出警示，并依据预先设定的维修方案，安排维修人员展开检修工作。在此期间，系统会对生产计划进行调整，将受到影响的生产任务科学合理地分摊至其他设备，以此保证生产的连贯性与稳定性。

2.智能供应链管理系统

智能供应链管理系统借助整合供应链各环节的资源，完成供应链可视化与智能化的管控。系统运用大数据分析手段，能够对市场需求作出精确预估，进而优化库存管理，降低库存积压与缺货状况。同时，依靠人工智能算法，系统可以自动优化物流配送路径，提升物流效率，削减物流成本。比如，当遭遇突发的市场需求变动时，智能供应链管理系统能够快速调整采购规划、生产规划和配送规划，保障产品及时、精准地交付到客户手中。通过这些方式，智能供应链管理系统能够全面提升供应链的运作效率与灵活性，实现智能化的管理目标。

3.智能财务管理系统

智能财务管理系统能够实现财务数据的自动采集、剖析和报告生成。它通过与机构各业务系统的融合，可实时获取诸如收入、成本、费用之类的财务数据。随后，系统运用数据分析技术深度挖掘这些财务数据，从而为管理者提供决策支撑。比如，借助对财务数据的走势分析，该系统能够预估机构未来的资金需求，助力管理者预先制定融资规划；通过对成本构成的分析，该系统能够找出成本管控的关键要点，为机构削减成本提供依据。如此一来，智能财务管理系统凭借自动化流程与数据挖掘能力，全方位支持机构财务管理决策。

（二）绿色经济管理的发展

随着全球环境问题的日益严峻，环保理念逐渐深入人心，绿色经济管理应运而生。绿色经济管理强调在经济活动中充分考虑环境保护和可持续发展的要求，将环保理念贯穿经济管理的各个环节。在项目投资决策中，管理者需要对项目的环境影响进行全面评估，不仅要考虑项目的经济效益，还要考虑其对环境的潜在影响。例如，对于一个新建的大型基础设施项目，在决策阶段，管理者需要评估项目建设过程中可能产生的噪声污染、粉尘污染和对周边生态环境的破坏等问题，并制定相应的环保措施。只有在确保项目对环境的影响可控且符合环保标准的前提下，管理者才会考虑项目的投资建设。

（三）全球化管理的深化

1.跨国业务管理的挑战与应对

在经济全球化的背景下，越来越多的组织开展跨国业务，这给现代经济管理带来了诸多挑战。不同国家和地区的政治、经济、文化、法律等环境存在巨大差异，这要求管理者具备跨文化管理的能力和全球化视野。在跨国项目管理中，管理者需要协调不同国家和地区的团队成员，解决因文化差异导致的沟通障碍、工作方式差异等问题。例如，在一个由来自多个国家的成员组成的跨国项目团队中，由于不同国家的文化背景不同，成员之间在沟通协调、决策方式和工作时间安排等方面可能存在较大差异。管理者需要了解这些差异，并采取相应的措施进行协调，如组织跨文化培训、建立灵活的沟通机制等，以确保项目的顺利进行。

2.全球化管理的策略与方法

为了实现全球化管理的目标，组织需要采取一系列有效的策略和方法。

（1）建立全球战略联盟

建立全球战略联盟是一种常见的策略。组织通过与其他国家和地区的经营主体建立战略联盟，实现资源共享、优势互补，共同开拓国际市场。通过共享技术和资源，双方不仅降低了研发成本和市场风险，还提高了产品的竞争力。

（2）培养国际化管理人才

培养国际化管理人才是全球化管理的关键。组织需要选拔和培养一批具备跨文化管理能力、熟悉国际市场规则和法律法规的管理人才。这些人才能够在跨国业务中有效地进行沟通协调和决策管理。例如，一些经营机构通过开展海外轮岗计划、国际培训项目等方式，培养具有国际化视野和管理能力的人才。

（3）利用数字化技术构建全球管理平台

利用数字化技术构建全球管理平台也是全球化管理的重要手段。组织通过建立统一的数字化管理平台，实现全球业务的实时监控和管理。管理者可以通过该平台实时了解全球各地的业务运营情况，及时作出决策和调整。

第二节　现代经济管理的理论体系

在当今复杂多变的社会环境中，高效管理对于实现组织目标、优化资源配置和提升整体效能十分重要。现代经济管理理论体系涵盖了众多流派和思想，这些理论为应对各种管理挑战提供了丰富的思路和方法。

一、古典管理理论

（一）科学管理理论

1.核心内容与方法

科学管理理论由弗雷德里克·温斯洛·泰勒提出，其核心在于通过对工作流程的细致分析，寻求提高效率的最佳途径。该理论强调将工作任务进行标准化分解，确定每个环节的最佳操作方法和时间定额。例如，在大型项目的任务执行中，管理者通过对各项工作进行动作研究和时间测定，制定出详细的操作规范，使每个工作人员都能明确自己的工作任务和标准，从而大幅提高工作效率。

泰勒主张对工作人员进行科学选拔和培训，使他们能够熟练掌握标准化的工作方法。同时，管理者应当实施差别计件工资制，根据工作人员的实际工作成果给予不同的薪酬待遇，以此激励员工积极提高工作效率。这种基于科学方法和激励机制的管理模式，旨在通过优化工作流程和人员管理，实现整体效能的提升。

2.在资源分配与任务执行中的应用

在资源分配方面，科学管理理论能够帮助管理者合理规划人力、物力和财力资源。管理者通过精确的工作分析和时间定额，确定完成各项任务所需的资源数量，避免资源的浪费和闲置。例如，在大型活动的筹备过程中，管理者依据科学的管理方法，对每个工作环节所需的人员数量、物资种类和数量进行精准计算，确保资源的合理配置，提高筹备工作的效率和质量。

在任务执行阶段，标准化的工作流程和操作规范使得工作人员能够有条不紊地开展工作，减少因操作不规范或流程混乱导致的效率低下问题。每个任务都有明确的时间节点和质量标准，这样便于管理者进行有效的监督和控制，确保任务按时、高质量地完成。

（二）一般管理理论

1.管理原则与职能框架

亨利·法约尔提出的一般管理理论，系统地阐述了管理的十四项原则和五大职能。十四项原则包括统一指挥、权力与责任、纪律、劳动分工、统一领导等，这些原则为管理活动提供了基本的行为准则。例如：统一指挥原则确保每个工作人员只接受一个上级的指令，避免多重领导带来的混乱和效率低下；劳动分工原则通过将工作进行合理划分，使工作人员能够专注于自己擅长的领域，提高工作的专业化程度和效率。

管理的五大职能分别为计划、组织、指挥、协调和控制。计划职能要求管理者对未来的工作进行规划和安排，明确目标和行动方案；组织职能要求管理者构建合理的组织结构，合理配置人员和资源；指挥职能是指管理者对下属进行有效的领导和指导；协调职能确保组织内各部门和人员之间的工作协调一致；控制职能则是指管理者通过对工作过程的监督和评估，及时发现偏差并采取纠正措施。

2.对整体管理架构的指导意义

一般管理理论为构建全面、系统的管理架构提供了重要指导。在组织的顶层设计中，管理者依据这些原则和职能，可以建立清晰的管理层次和职责分工，确保组织的各项工作有序开展。例如，在制定长期发展规划时，管理者应当充分运用计划职能，结合内外部环境的分析，制定出符合实际情况的发展目标和战略规划。

在日常管理中，管理者应当通过组织职能合理安排人员和资源，形成高效的工作团队；运用指挥职能，确保自身能够有效地传达指令和引导工作方向；借助协调职能，解决部门之间可能出现的冲突和矛盾，促进整体协同运作；利用控制职能，对工作进度、质量和成本等进行监控和调整，保证组织目标的顺利实现。

（三）行政组织理论

1.理想行政组织体系的构建要素

马克斯·韦伯的行政组织理论提出了理想的行政组织体系，其核心要素包括明确的分工、清晰的等级制度、严格的规章制度、基于能力强的人员选拔与任用、职业管理人员和非人格化的管理。

明确的分工使得每个岗位的职责清晰明确，工作人员能够专注于特定的工作任务，提高工作效率和质量。清晰的等级制度确保了组织内信息的上传下达和决策的有效执行，每个层级都有明确的权力和职责范围。严格的规章制度为组织的正常运行提供了保障，规范了工作人员的行为和工作流程。基于能力强的人员选拔与任用保证了组织能够吸引和留住优秀人才。职业管理人员则专注于管理工作，提高管理的专业化水平。非人格化的管理强调管理者在决策和管理过程中，应当排除个人情感和偏见的影响，以确保决策的公正性和客观性。

2.在构建稳定高效管理体系中的作用

行政组织理论对于构建稳定、高效的管理体系具有重要意义。在大型项目或复杂事务的管理中，明确的分工和清晰的等级制度能够使工作流程更加顺畅，信息传递更加准确迅速。例如，在大型基础设施建设项目中，管理者通过建立严格的等级制度和明确的分工，使得从项目规划、设计到施工、监督等各个环节，都有相应的部门和人员负责，确保项目的顺利推进。

严格的规章制度有助于规范工作人员的行为，保证工作的一致性和稳定性。基于能力强的人员选拔和任用机制，能够激发工作人员的积极性和进取心，提升整个组织的素质和能力。非人格化的管理方式则保证了决策的公正性和客观性，避免因个人因素导致的管理失误，从而为组织的长期稳定发展奠定基础。

二、行为科学理论

（一）人际关系学说

1.霍桑实验的发现与结论

乔治·埃尔顿·梅奥主持的霍桑实验揭示了工作中的人际关系和社会因素对工作人员行为与工作效率的重要影响。实验最初旨在研究工作环境条件（如照明等）对生产效率的影响，但结果发现，无论照明条件如何变化，工人的生产效率都有所提高。进一步的研究表明，除了物质条件外，工作人员的积极性和工作效率还受到人际关系、领导方式与归属感等社会因素的显著影响。

梅奥等人得出结论，工作人员不仅是追求经济利益的“经济人”，更是具有社会需求和情感需求的“社会人”。良好的人际关系和积极的工作氛围能够提高工作人员的满意度与忠诚度，进而提高工作效率。

2.对人员管理与团队建设的启示

人际关系学说为人员管理和团队建设提供了全新的视角。在人员管理方面，管理者应更加关注工作人员的社会需求和情感需求，注重与他们的沟通和交流，建立良好的人际关系。例如，管理者应当定期组织团队活动、开展员工座谈会等，增强工作人员之间的互动和了解，营造和谐的工作氛围。

在团队建设中，管理者应致力于打造积极向上的团队文化，培养团队成员之间的合作精神和归属感。管理者应当通过鼓励团队成员之间的相互支持和协作，提高团队的凝聚力和战斗力。同时，管理者应当采用民主、参与式的领导方式，让工作人员感受到自己的价值和被尊重，激发他们的工作积极性和创造力。

（二）激励理论

1.马斯洛需求层次理论

亚伯拉罕·马斯洛的需求层次理论认为，人的需求从低到高可分为生理需求、安全需求、社交需求、尊重需求和自我实现需求五个层次。当较低层次的需求得到满足后，人们会追求更高层次的需求。在管理实践中，这一理论为管理者提供了重要的激励思路。

2.赫兹伯格双因素理论

弗雷德里克·赫兹伯格的双因素理论将影响工作人员工作积极性的因素分为保健因素和激励因素。保健因素包括工作环境、薪酬福利、公司制度等，这些因素的满足可以消除工作人员的不满情绪，但不会带来积极的激励效果。激励因素则包括工作本身的挑战性、成就感、责任感、晋升机会等，这些因素的满足能够激发工作人员的内在动力，提高工作积极性和创造力。

3.麦格雷戈X理论和Y理论

道格拉斯·麦格雷戈提出的X理论和Y理论代表了两种不同的人性假设。

X理论认为，工作人员天生懒惰，缺乏进取心，不愿承担责任，管理者需要通过严格的监督和控制来驱使他们工作。基于这种假设，管理者往往采取严格的规章制度和惩罚措施来管理工作人员。

而Y理论则认为，工作人员具有自我实现的愿望，愿意主动承担责任，具有创造性和想象力。基于Y理论的管理者更注重为工作人员创造良好的工作环境，激发他们的积极性和主动性，采用激励和引导的方式来进行管理。在实际管理中，管理者应根据不同的工作情境和工作人员的特点，灵活运用这两种理论，以实现最佳的管理效果。

（三）领导理论

1.领导特质理论

领导特质理论认为，领导者具有一些特定的个人特质，这些特质使他们能够有效地领导他人。早期的研究试图找出领导者共有的特质，如智力、自信、决心、正直、社交能力等。然而，随着研究的深入，研究者发现并没有一种特定的特质能够确保领导者的成功，不同的领导情境可能需要不同的特质组合。

尽管特质理论存在一定的局限性，但它为后续的领导理论研究奠定了基础，促使人们开始关注领导者的个人特质与领导行为之间的关系。从实践应用层面来看，了解领导者的特质有助于组织选拔和培养合适的领导人才，同时也提醒领导者不断提升自己的特质和能力，以适应不同的领导情境。

2.领导行为理论

领导行为理论主要关注领导者的行为风格和行为方式对领导效果的影响。勒温的领导风格理论将领导风格分为专制型、民主型和放任型三种。专制型领导独自作出决策，对下属进行严格的控制；民主型领导鼓励下属参与决策，注重团队合作；放任型领导则对下属采取放任自流的态度，给予下属极大的自主权。研究表明，民主型领导风格通常能够带来较高的工作效率和工作人员满意度。

俄亥俄州立大学的领导行为四分图理论将领导行为分为关心人（体贴型）和关心组织（结构型）两个维度。关心人维度体现了领导者对工作人员的关心和支持，关心组织维度则强调领导者对工作任务的安排和组织。密歇根大学的领导行为理论将领导行为分为员工导向和生产导向两种类型。员工导向的领导者关注工作人员的需求和发展，生产导向的领导者则更注重工作任务的完成。

3.领导权变理论

领导权变理论认为，不存在一种适用于所有情境的领导方式，领导者的行为方式和领导效果受到领导者自身特质、被领导者的特点和领导情境等多种因素的影响。菲德勒的权变模型认为，领导的有效性取决于领导者的风格与情境的匹配程度。他将领导风格分为关系导向型和任务导向型，并通过“最难共事者问卷”（LPC）来测量领导者的风格。同时，他确定了影响领导情境的三个关键因素：领导者与被领导者的关系、任务结构和职位权力。当领导者的风格与情境因素相匹配时，领导效果最佳。

赫塞和布兰查德的情境领导理论则强调领导者应根据被领导者的成熟度来调整领导方式。被领导者的成熟度包括工作成熟度和心理成熟度。工作成熟度是指被领导者的工作技能和知识水平，心理成熟度是指被领导者的自信心和自我激励能力。根据被领导者的成熟度，领导者可以采取命令式、说服式、参与式和授权式等不同的领导方式。

三、现代管理理论

（一）管理过程学派

管理过程学派继承和发展了法约尔的一般管理理论，认为管理是一个连续的过程，包括计划、组织、领导、控制等职能。该学派强调通过对管理过程的深入研究，总结出普遍适用的管理原则和方法。哈罗德·孔茨是管理过程学派的重要代表人物，他对管理职能进行了详细的阐述和分析。

在计划职能方面，孔茨强调计划的重要性，认为计划是管理的首要职能，它为组织的其他职能提供了方向和依据。在组织职能方面，他研究了组织的结构设计、人员配备等问题，提出了组织设计的原则和方法。在领导职能方面，他探讨了领导者的素质、领导方式和领导艺术等内容。在控制职能方面，他分析了控制的过程、方法和技术，强调控制对于确保组织目标实现的重要性。

（二）社会系统学派

1.组织协作系统的构成要素

切斯特·巴纳德提出的社会系统学派认为，组织是一个由人组成的协作系统，组织的存在和发展取决于组织内部成员之间的协作，以及组织与外部环境的适应性。组织协作系统的三个基本要素为协作的意愿、共同的目标和信息沟通。

协作的意愿是指组织成员愿意为组织的目标贡献力量的心理状态。为了激发成员的协作意愿，组织需要提供适当的诱因，如物质奖励、精神奖励、职业发展机会等。共同的目标是组织成员协作的基础，组织成员只有在明确并认同组织的目标时，才会有协作的动力。信息沟通则是连接组织成员协作意愿和共同目标的桥梁，通过有效的信息沟通，组织成员能够了解组织的目标和任务，协调彼此的行动。

2.对组织适应与发展的重要意义

社会系统学派的理论强调了组织的整体性和系统性，以及组织与外部环境的相互关系。在面对外部环境的变化时，组织需要不断调整自身的目标和协作方式，以适应环境的变化。例如，在政策法规调整或社会需求发生变化时，组织应及时更新共同的目标，凭借顺畅的信息传递，将目标传达给组织成员，并激发成员的协作意愿，共同应对变化。

该理论还提醒管理者要注重营造良好的组织内部氛围，建立有效的沟通机制，促进组织成员之间的协作。管理者应当通过满足成员的需求，提供适当的诱因，增强成员的协作意愿，提高组织的凝聚力和战斗力，确保组织在复杂多变的环境中能够持续发展。

（三）决策理论学派

赫伯特·西蒙是决策理论学派的主要代表人物，他认为管理就是决策，决策贯穿管理的全过程。西蒙强调决策的重要性，认为决策的质量直接影响组织的绩效。他提出了“有限理性”的概念，认为由于知识、能力和信息等方面的限制，人们在决策时无法达到完全理性的状态。因此，人们在决策时通常采用“满意原则”，而不是“最优原则”。也就是说，人们在决策时，会在自己能够搜索到的有限方案中选择一个能够满足自己最低要求的方案，而不是追求绝对的最优方案。

西蒙还将决策分为程序化决策和非程序化决策。程序化决策是指那些经常重复出现、有一定规律可循的决策，如日常工作任务的安排、资源的调配等。非程序化决策则是指那些不经常出现、无固定规律可循的决策，如重大项目的投资决策、组织的战略调整等。

（四）系统管理学派

系统管理学派认为，组织是一个由相互关联、相互作用的子系统组成的开放系统，组织的管理应该从系统的角度进行考量，注重系统的整体性、相关性、层次性、动态性和环境适应性。

整体性强调组织并非各个部分的简单相加，而是一个有机整体，各子系统相互配合以实现组织整体目标。例如，在一个大型科研项目中，研究团队、实验设备管理、后勤保障等子系统紧密协作，任何一个子系统的失效都可能影响整个项目的推进。

相关性是指子系统之间相互影响，一个子系统的变动会引发其他子系统的连锁反应。比如，某部门业务流程的优化可能需要相关部门调整工作方式与对接流程。

层次性体现在组织系统存在不同层级，各层级有特定的功能与职责。从高层战略制定，到中层协调执行，再到底层具体操作，层级分明且相互配合。

动态性表明组织系统随着时间和环境的变化而演变，需要不断调整内部结构与运行机制。例如，在面对新兴技术的冲击时，组织需及时引入新的管理方法与技术手段。

环境适应性要求组织与外部环境保持物质、能量和信息的交换，以适应环境变化。例如，随着政策导向的转变，组织要及时调整业务方向与发展策略。

（五）权变管理学派

权变管理学派认为，不存在普遍适用于所有情况的管理理论和方法，管理方式应依据组织所处的内外部环境的变化而灵活调整。影响管理方式选择的环境因素众多，包括组织规模、技术复杂度、组织的发展阶段、外部市场的不确定性等。例如，处于创业初期的小型组织因规模小、业务灵活，可能更适合采用灵活多变、强调创新的管理方式，以快速响应市场变化；大型成熟组织由于结构复杂、业务稳定，需要更规范、层级分明的管理体系来保证运营的稳定性。

（六）管理科学学派

管理科学学派将数学、统计学、运筹学等学科知识引入管理领域，通过建立数学模型和运用计算机技术，对管理问题进行定量分析和决策优化。该学派运用的方法和技术丰富多样，如将线性规划用于解决资源分配的优化问题。在资源有限的情况下，管理者可通过构建线性规划模型，确定如何合理分配人力、物力、财力等资源，以实现目标函数（如利润最大化、成本最小化）的最优解。非线性规划则适用于处理目标函数或约束条件为非线性的问题，在复杂的生产调度和资源配置场景中发挥重要作用。排队论用于分析服务系统中的排队现象，帮助优化服务流程，确定合理的服务台数量和服务人员配置，以减少顾客等待时间、提高服务效率。库存论通过对库存成本、需求波动等因素的分析，确定最佳的库存水平和补货策略，避免库存积压或缺货现象的发生。

四、当代经济管理前沿理论

（一）企业再造理论

1.企业再造的内涵

企业再造理论由迈克尔·哈默和詹姆斯·钱皮提出，该理论主张对组织的业务流程进行根本性的重新思考和彻底性的重新设计，以显著提升组织的效率、质量、服务水平和响应速度等关键绩效指标。其核心在于打破传统的职能分工模式，以流程为导向重新构建组织的运营体系。

2.企业再造的目标

企业再造的目标是通过流程优化实现组织的转型升级，增强组织在市场中的竞争力。例如，传统的行政审批流程烦琐，涉及多个部门的层层审批，耗时较长。管理者通过企业再造，可整合相关部门职能，建立一站式审批流程，利用信息技术实现信息共享和协同办公，大幅缩短审批时间，提高服务质量和效率。

3.企业再造的实施步骤

企业再造的实施通常包括流程诊断、流程设计、流程实施和流程评估四个步骤。

（1）流程诊断阶段

管理者全面深入地分析现有业务流程，找出存在的问题、瓶颈和低效率环节。管理者通过流程调研、数据分析、员工访谈等方式，收集关于流程运行的详细信息，绘制现有流程地图，明确问题所在。

（2）流程设计阶段

在流程设计阶段，管理者依据组织的战略目标和市场的需求，设计全新的业务流程。首先，管理者要充分考虑信息技术的应用，借助信息化的手段实现流程的自动化与数字化，这是提升流程效率的重要方面。其次，运用流程再造的相关原则和方法至关重要。管理者可以采用诸如剔除冗余环节、整合相近流程、优化流程先后次序等手段，构建起简洁高效的全新流程。如此一来，整个流程的设计会更加科学合理，能更好地为组织服务，实现组织的战略目标，并有效满足市场需求。

（3）流程实施阶段

流程实施阶段是将设计好的新流程投入实际运行的阶段。这一过程需要对组织架构、人员配置、工作方式等进行相应调整，确保新流程的顺利推行。管理者应当加强员工培训，使员工熟悉新流程的操作和要求；搭建畅通的交流渠道，及时解决实施过程中出现的问题。

（4）流程评估阶段

在流程评估阶段，管理者对再造后的流程进行绩效评估，通过设定关键绩效指标（KPI），对比再造前后的流程绩效，如效率提升程度、成本降低幅度、服务质量改善情况等，评估再造的效果。管理者根据评估结果，对流程进行持续优化和改进。

4.企业再造面临的挑战

企业再造过程面临诸多挑战。首先，流程再造涉及组织架构和人员的重大调整，可能遭到员工的抵制，尤其是那些担心自身利益受损或对新流程不适应的员工。其次，新流程的设计和实施需要大量的资源投入，包括人力、物力和财力，且在实施初期可能会出现效率暂时下降的情况。最后，企业再造过程中还可能面临新旧流程衔接不畅、信息系统不兼容等问题，影响组织的正常运营。

（二）学习型组织理论

学习型组织理论由彼得·圣吉提出，该理论认为组织应具备持续学习的能力，通过营造学习氛围，充分发挥员工的创造性思维能力，构建一种有机的、高度柔性的、扁平的、符合人性的、能够持续发展的组织。

1.学习型组织的特征

学习型组织特征在于组织成员拥有共同愿景，而这一愿景会激发成员的积极性和创造力，使大家心往一处想、劲往一处使；注重团队学习，通过团队成员之间的深度交流与协作，实现知识共享和共同进步，提升团队整体能力；提倡自我超越，鼓励员工不断突破自己的能力上限，追求卓越，创造出自己真心向往的成果；强调改善心智模式，帮助成员打破固有的思维定式和偏见，以全新的视角看待问题和解决问题；倡导系统思考，将组织视为一个相互关联的整体，从整体而非局部的角度分析和解决问题，避免片面决策。[①]

2.学习型组织对组织发展的意义

学习型组织对组织的长远发展具有深远意义。在快速变化的社会环境中，学习型组织能够迅速适应环境变化，通过持续学习和创新，不断提升组织的竞争力。例如，在科技飞速发展的今天，学习型组织能够及时掌握新技术、新方法，将其应用于组织的运营和管理中，推动产品创新、服务升级和管理优化。

---

① 胡光敏,张玉洁.基于大数据的经济管理优化措施探究[J].老字号品牌营销,2024(23):39-41.

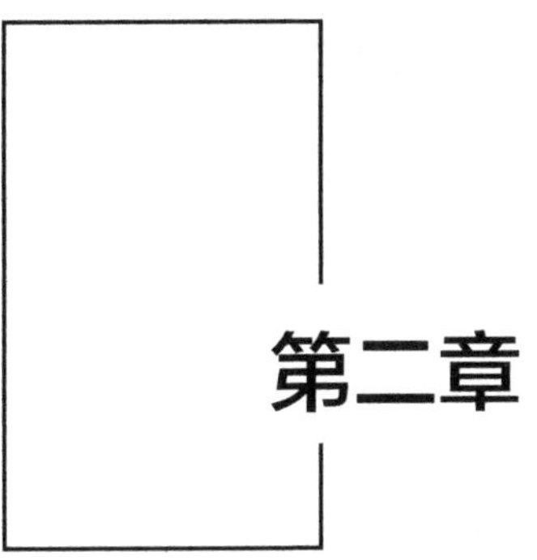

第二章

会计基础与财务会计实践

第一节　会计的基本原理与准则

一、会计的基本概念

（一）会计的定义

会计是一项旨在对经济活动进行全面、系统、连续地记录、分类、汇总和报告的管理活动。它通过特定的方法和程序，运用货币作为主要计量单位，将经济业务转化为以财务信息为主的经济信息，为使用者提供有用的决策依据。从本质上讲，会计是一种信息系统，它收集、加工和传递经济主体的财务状况、经营成果和现金流量的信息，以满足不同利益相关者的需求。

（二）会计的目标

1.为内部管理提供决策支持

在组织运营过程中，会计信息对于内部管理者而言至关重要，是其开展规划、控制与评价工作的关键依据。管理者借助精准的成本核算结果，能够深入剖析不同项目及业务的成本架构，进而为成本管控与定价策略的制定提供有力支撑。同时，在衡量员工绩效方面，会计信息同样发挥着不可或缺的作用。通过对各部门或员工所承担业务的财务状况予以分析，管理者得以有效评判其工作成果，从而为激励制度和奖励体系的构建奠定坚实基础，确保组织内部的高效运作与持续发展。

2.满足外部利益相关者的信息需求

外部利益相关者包括投资者、债权人、监管机构、社会公众等。对于潜在的投资者而言，他们需要通过会计信息来评估组织的财务状况和发展前景，以决定是否进行投资。例如，捐赠者在决定是否向某组织提供资金支持时，会关注其财务报表中的资金使用情况、项目的可持续性等信息。债权人则通过会计信息评估组织的偿债能力，确保其贷款的安全性。监管机构依靠会计信息来监督组织是否遵守相关法律法规和政策要求，以此维护经济秩序的稳定。社会公众也可能因为关注组织的社会责任履行情况等，对其会计信息感兴趣。

（三）会计的基本要素

1.资产

（1）资产的定义与特征

资产是指由过去的交易或事项形成的、由组织拥有或控制的、预期会给组织带来经济利益流入的资源。其具有以下三个显著特征。

其一，资产是由过去的交易或事项形成的。这意味着只有已经发生的经济活动，如购买物资、接受劳务等，才能形成资产。例如，组织签订了一份未来采购设备的合同，在设备尚未交付时，我们不能将其确认为资产，因为该交易尚未实际发生。

其二，资产必须由组织拥有或控制。拥有资产表明组织对其具有所有权，而控制则强调即使组织不拥有资产的所有权，但在特定情况下，组织能够主导资产的使用并获取其带来的经济利益。例如，以融资租赁方式租入的设备，虽然从法律形式上看所有权不属于承租方，但承租方在租赁期内能够实际控制该设备的使用，并从中获取经济利益，因此我们应将其确认为承租方的资产。

其三，资产预期会给组织带来经济利益流入。这是资产的本质特征，即资产能够直接或间接地为组织创造经济价值。例如，库存商品通过销售可转化为现金流入，固定资产用于生产经营活动可带来产品销售收入等。

（2）资产的分类

资产按照流动性可划分为流动资产和非流动资产。

流动资产是指预计在一个正常营业周期中变现、出售或耗用，或者主要为交易目的而持有，或者预计在资产负债表日起一年内（含一年）变现的资产，以及自资产负债表日起一年内交换其他资产或清偿负债的能力不受限制的现金或现金等价物。常见的流动资产包括货币资金、交易性金融资产、应收票据、应收账款、预付款项、应收股利、应收利息、其他应收款、存货等。例如，库存现金可随时用于支付各项费用，银行存款可用于采购物资，应收账款是组织销售商品或提供劳务后应收取的款项，这些都属于流动资产范畴。

非流动资产是指流动资产以外的资产，主要包括长期股权投资、固定资产、在建工程、工程物资、无形资产、开发支出、长期待摊费用等。长期股权投资是指组织对其他单位的长期股权性质的投资；固定资产如房屋、建筑物、机器设备等，是组织用于生产经营的重要长期资产；无形资产则包括专利权、商标权、著作权等，它们虽然不具有实物形态，但能为组织带来长期的经济利益。

2.负债

（1）负债的定义与特征

负债是指由过去的交易或事项形成的、预期会导致经济利益流出组织的现时义务。负债具有以下关键特征。

一是负债源于过去的交易或事项。例如，因购买物资而产生的应付账款，是由于过去发生的采购交易形成的；向银行借入的款项，是基于过去签订的借款合同这一交易事项形成的。

二是负债是一种现时义务，即组织在当前已经承担的义务。这种义务可能是法定义务，如依法缴纳税款；也可能是推定义务，如根据以往的惯例或公开承诺，组织对客户提供售后服务所承担的义务。

三是履行该义务预期会导致经济利益流出组织。这意味着组织需要通过支付现金、转让资产或提供劳务等方式来清偿债务。例如，组织在偿还借款时需要支付本金和利息，支付应付账款时需要付出相应的资金，这些都会使组织的经济利益减少。

（2）负债的分类

负债按其流动性，可分为流动负债和非流动负债。

流动负债是指预计在一个正常营业周期中清偿，或是基于经营活动常规需求而存在，或者自资产负债表日起一年内（含一年）到期应予以清偿，或者经营主体无权自主地将清偿推迟至资产负债表日后一年以上的负债。常见的流动负债有短期借款、应付票据、应付账款、预收款项、应付职工薪酬、应交税费、应付利息、应付股利、其他应付款等。

非流动负债是指流动负债以外的负债，主要包括长期借款、应付债券、长期应付款等。长期借款是组织向银行或其他金融机构借入的期限在一年以上的款项；应付债券是组织为筹集长期资金而发行的债券，组织在债券到期时需按约定支付本金和利息；长期应付款则是组织除长期借款和应付债券以外的其他各种长期应付款项，如采用分期付款方式购入固定资产发生的应付款项等。

3.所有者权益

（1）所有者权益的定义

所有者权益是指组织资产扣除负债后，由所有者享有的剩余权益。它反映了所有者对组织资产的剩余索取权，其金额取决于资产和负债的计量。

（2）所有者权益的构成

实收资本（或股本）是指组织的投资者按照合同或者协议的约定，实际投入组织的资本。它是组织注册登记的法定资本总额的来源，表明所有者对组织的基本产权关系。例如，在组织成立时，投资者投入的现金、实物资产或无形资产等，都构成了实收资本。

资本公积是指经营主体在经营过程中由于接受捐赠、股本溢价和法定财产重估增值等原因所形成的公积金。资本公积并非由组织的经营利润产生，而是与资本相关的一项资金来源。例如，投资者投入的资金超过其在注册资本中所占份额的部分，应计入资本公积。

盈余公积是指组织按照规定从净利润中提取的各种积累资金。盈余公积包括法定盈余公积和任意盈余公积。法定盈余公积是组织按照国家规定的比例，从净利润中提取的，主要用于弥补亏损、转增资本等；任意盈余公积则是由组织自行决定提取比例的，可用于特定用途或增强组织的财务实力。

未分配利润是指组织留待以后年度分配的利润或待分配利润。它是经营主体净利润经过弥补亏损、提取盈余公积和向投资者分配利润后留存在经营主体的、历年结存的利润。未分配利润反映了组织的经营积累情况，可用于未来的发展或向投资者分配。

（3）所有者权益与负债的区别

所有者权益和负债虽然都构成了组织的资金来源，但存在着本质的区别。从性质上看，负债是组织对债权人的债务，组织需要在规定的期限内偿还本金和利息，具有明确的偿还义务；而所有者权益是所有者对组织净资产的所有权，一般情况下无须偿还，除非组织清算。从权利上看，债权人通常只有获取本金和利息的权利，对组织的经营决策没有参与权；而所有者则享有参与组织经营管理、参与利润分配等权利。从风险承担角度看，债权人的风险相对较小，其收益较为固定；而所有者承担着组织经营的主要风险，其收益取决于组织的经营业绩，可能获得高额回报，也可能遭受重大损失。

4.收入

（1）收入的定义与确认条件

收入是指组织在日常活动中形成的、会导致所有者权益增加的、与所有者投入资本无关的经济利益的总流入。这里的日常活动是指组织为完成其经营目标所从事的经常性活动和与之相关的活动。例如，销售商品、提供劳务、让渡资产使用权等都属于日常活动。

收入的确认需要满足以下条件：一是与收入相关的经济利益很可能流入组织，即组织能够合理预计其将从交易中获取的经济利益。例如，在销售商品时，组织要考虑客户的信用状况、支付能力等因素，判断货款收回的可能性。二是经济利益流入组织的结果会导致资产的增加或者负债的减少。例如，销售商品收到现金，会使资产增加；如果销售时客户尚未支付货款，形成应收账款，同样会使资产增加；如果在销售过程中，组织减少了之前预收客户的款项，即负债减少。三是经济利益的流入额能够可靠地计量。这要求组织能够准确地确定收入的金额，通常根据合同约定的价格、市场价格等进行计量。

（2）收入的分类

收入按照业务的主次可分为主营业务收入和其他业务收入。主营业务收入是指组织从事主要经营活动所取得的收入，它在组织的收入中通常占较大比重，对组织的经济效益产生重大影响。其他业务收入是指组织除主营业务活动以外的其他经营活动实现的收入，一般占收入的比重较小。

5.费用

（1）费用的定义与确认条件

费用是指组织在日常活动中发生的、会导致所有者权益减少的、与向所有者分配利润无关的经济利益的总流出。费用的发生是为了取得收入，是组织经营活动中不可避免的支出。

费用的确认应满足以下条件：一是与费用相关的经济利益很可能流出组织，即组织能够合理预计其将为获取收入而发生相应的支出。例如，组织为生产产品而采购原材料，虽然这些原材料在采购时尚未使用，但基于生产计划和业务流程，组织能够确定这些原材料将用于生产，其经济利益很可能流出组织。二是经济利益流出组织的结果会导致资产的减少或者负债的增加。例如，支付水电费会使现金资产减少；如果组织暂未支付水电费，形成应付账款，则负债增加。三是经济利益的流出额能够可靠地计量。组织需要准确确定费用的金额，通常依据实际发生的支出、合同约定的价格等进行计量。

（2）费用的分类

费用按照功能可分为营业成本、税金及附加、管理费用、财务费用等。

营业成本是指组织为生产产品、提供劳务等发生的可归属于产品成本、劳务成本等的费用，在确认收入时，组织将已销售商品、已提供劳务的成本等计入当期损益。

税金及附加是指组织经营活动应负担的相关税费，包括消费税、城市维护建设税、教育费附加、资源税、房产税、城镇土地使用税、车船税、印花税等。这些税费是组织在经营过程中按照国家税收法规应缴纳的费用，与组织的经营活动密切相关。

管理费用是指组织为组织和管理生产经营活动而发生的各项费用，包括职工教育经费、业务招待费、技术转让费、无形资产摊销、上缴上级管理费、财务报告审计费等。管理费用涵盖了组织管理层面的各项支出，对于组织的正常运转和管理效率的提升具有重要作用。

财务费用是指组织为筹集生产经营所需资金等而发生的筹资费用，包括利息支出（减利息收入）、汇兑损益和相关的手续费等。财务费用主要与组织的资金筹集和资金使用相关，反映了组织在资金运作过程中的成本和收益情况。

二、会计的基本原理

（一）会计等式

1.基本会计等式

基本会计等式为：资产=负债+所有者权益。这一等式反映了组织在某一特定时点的财务状况，是会计核算的基础。它表明组织的资产来源于债权人的债权和所有者的投资，债权人对资产享有优先求偿权，而所有者权益则是资产扣除负债后的剩余权益。

基本会计等式在会计核算中具有重要意义。它是设置账户、复式记账和编制资产负债表的理论依据。在日常会计核算中，每一项经济业务的发生都会引起资产、负债和所有者权益的增减变动，但无论如何变动，都不会破坏这一基本会计等式的平衡关系。

2.扩展会计等式

扩展会计等式为：资产=负债+所有者权益+（收入-费用），即资产=负债+所有者权益+利润。这一等式反映了组织在一定会计期间的经营成果与财务状况之间的关系。在会计期间内，组织通过开展经营活动取得收入，并发生相应的费用，收入减去费用后的净额即为利润。利润会增加所有者权益，从而使资产、负债和所有者权益之间的关系发生变化。

扩展会计等式进一步揭示了组织的经营活动对财务状况的影响，有助于全面理解组织的经济活动和财务成果。它为编制利润表和分析组织的盈利能力提供了理论基础。[①]

（二）会计凭证与账簿

1.会计凭证的作用

会计凭证是记录经济业务、明确经济责任的书面证明，是登记账簿的依据。其作用主要体现在以下三个方面：首先，会计凭证能够如实反映经济业务的发生和完成情况，为会计核算提供原始资料。每一项经济业务的发生，都需要通过会计凭证进行记录，确保经济业务的真实性和可靠性。其次，会计凭证可以明确经济责任，通过在凭证上签名或盖章，相关人员对经济业务的合法性和真实性负责。例如，采购人员在采购发票上签字，表明其对采购业务的真实性和合规性负责。最后，会计凭证是登记账簿的依据，账簿中的记录必须以审核无误的会计凭证为基础，以此保证账簿记录的准确性。

① 刘荣.人工智能时代财务会计向管理会计转型研究[J].现代营销(上旬刊),2025(01):7-9.

2.会计凭证的种类

（1）原始凭证

原始凭证是在经济业务发生或完成时取得或填制的，用以记录或证明经济业务的发生或完成情况的原始凭据。常见的原始凭证有发票、收据、领料单、入库单等。原始凭证是会计核算的起点，是进行会计核算的原始资料和重要依据。

（2）记账凭证

记账凭证是会计人员根据审核无误的原始凭证，按照经济业务的内容加以归类，并据以确定会计分录后所填制的会计凭证。记账凭证是登记账簿的直接依据，它将原始凭证中的经济业务信息转化为会计分录，便于会计人员登记账簿和进行会计核算。

3.记账凭证的填制

记账凭证的填制要求包括内容完整、书写规范、科目正确、金额准确、编号连续等。在填制记账凭证时，会计人员要确保凭证的各项内容填写齐全，如日期、凭证编号、摘要、会计科目、金额、附件张数等。摘要应简明扼要地说明经济业务的内容，会计科目应准确无误地反映经济业务的性质和涉及的账户，金额要填写准确，不得涂改。同时，会计人员应将记账凭证按照顺序编号，以便于查找和核对。

4.记账凭证的审核

当记账凭证填制完成后，会计人员需要对其进行审核。审核的内容主要包括：记账凭证是否附有原始凭证，原始凭证的内容是否与记账凭证相符；会计科目和金额的填写是否正确；记账凭证的各项内容是否填写齐全，书写是否规范等。审核记账凭证是保证会计信息质量的重要环节，只有经过审核无误的记账凭证，才能作为登记账簿的依据。如果发现记账凭证存在错误，会计人员应及时进行更正，确保会计记录的准确性。

5.会计账簿的种类

会计账簿是由具有一定格式、相互联系的账页所组成，用来序时、分类地全面记录一个组织经济业务事项的会计簿籍。会计账簿按照用途不同，可分为序时账簿、分类账簿和备查账簿。序时账簿又称日记账，是按照经济业务发生时间的先后顺序逐日逐笔进行登记的账簿。常见的序时账簿有现金日记账和银行存款日记账，它们用于记录现金和银行存款的收支情况，便于组织随时掌握货币资金的动态。分类账簿是对全部经济业务事项按照会计要素的具体类别而设置的分类账户进行登记的账簿。分类账簿可分为总分类账簿和明细分类账簿，总分类账簿用于总括反映各类经济业务的发生情况，明细分类账簿则对总分类账簿进行补充和细化，详细记录某一类经济业务的具体情况。备查账簿是对某些在序时账簿和分类账簿等主要账簿中都不予登记或登记不够详细的经济业务事项进行补充登记时使用的账簿。例如，租入固定资产登记簿、受托加工材料登记簿等备查账簿可以为经济管理提供必要的参考资料。

6.会计账簿的登记

会计账簿的登记应遵循一定的规则。在登记账簿时，记账人员应将会计凭证的日期、编号、摘要、金额和其他有关资料逐项记入账内，做到数字准确、摘要清楚、登记及时。在登记完毕后，记账人员要在记账凭证上签名或盖章，并注明已经登账的符号，表示已经记账。账簿中书写的文字和数字上面要留有适当空格，不要写满格，一般应占格距的二分之一。登记账簿要用蓝黑墨水或者碳素墨水书写，不得使用圆珠笔（银行的复写账簿除外）或者铅笔书写。如果发生跳行、隔页，记账人员应当将空行、空页画线注销，或者注明“此行空白”“此页空白”字样，并由记账人员签名或者盖章。

三、会计的基本准则

（一）会计确认准则

会计确认是指将符合会计要素定义和确认条件的项目纳入财务报表的过程。会计确认准则主要包括权责发生制原则和收付实现制原则。权责发生制是指以取得收取款项的权利或支付款项的义务为标志来确定本期收入和费用的会计核算基础。在权责发生制下，凡是当期已经实现的收入和已经发生或应当负担的费用，不论款项是否收付，都应被当作当期的收入和费用；凡是不属于当期的收入和费用，即使款项已在当期收付，也不应被当作当期的收入和费用。权责发生制能够更准确地反映组织的经营成果和财务状况，被广泛应用于各类组织的会计核算中。

收付实现制则是以现金的实际收付为标志来确定本期收入和费用的会计核算基础。在这种核算方式中，凡是本期实际收到的款项，都作为本期的收入；凡是本期实际支付的款项，都作为本期的费用。收付实现制相对简单直观，但它不能准确反映经济业务的实质和归属期间，主要应用于一些非营利组织和部分公共单位的预算会计核算。

（二）会计计量准则

会计计量是指在会计确认的基础上，确定会计要素金额的过程。会计计量属性主要包括历史成本、重置成本、可变现净值、现值和公允价值。

1.历史成本

历史成本是指取得或制造某项财产物资时所实际支付的现金或者其他等价物。在历史成本计量下，资产按照购置时支付的现金或者现金等价物的金额，或者按照购置资产时所付出的对价的公允价值计量；负债按照因承担现时义务而实际收到的款项或者资产的金额，或者承担现时义务的合同金额，或者按照日常活动中为偿还负债预期需要支付的现金或者现金等价物的金额计量。历史成本具有客观性和可验证性的优点，是会计核算中最常用的计量属性。

2.重置成本

重置成本是指按照当前市场条件，重新取得同样一项资产所需支付的现金或现金等价物的金额。在重置成本计量下，资产按照现在购买相同或者相似资产所需支付的现金或者现金等价物的金额计量；负债按照现在偿付该项债务所需支付的现金或者现金等价物的金额计量。重置成本通常用于盘盈资产的计量等情况，能够反映资产的现行价值。

3.可变现净值

可变现净值是指在正常生产经营过程中，以预计售价减去进一步加工成本和销售所必需的预计税金、费用后的净值。在可变现净值计量下，资产按照其正常对外销售所能收到的现金或者现金等价物的金额扣减该资产至完工时估计将要发生的成本、销售费用和相关税费后的金额计量。可变现净值主要用于存货的期末计价等，以反映存货的实际价值。

4.现值

现值是指对未来现金流量以恰当的折现率进行折现后的价值，是考虑货币时间价值因素等的一种计量属性。在现值计量下，资产按照预计从其持续使用和最终处置中所产生的未来净现金流入量的折现金额计量；负债按照预计期限内需要偿还的未来净现金流出量的折现金额计量。现值常用于对长期资产和长期负债的计量，能够更准确地反映资产和负债的经济价值。

5.公允价值

公允价值是指市场参与者在计量日发生的有序交易中，出售一项资产所能收到或者转移一项负债所需支付的价格。在公允价值计量下，资产和负债按照市场参与者在计量日发生的有序交易中，出售资产所能收到或者转移负债所需支付的价格计量。公允价值能够反映资产和负债的当前市场价值，在金融工具等领域得到了广泛应用。

（三）会计报告准则

会计报告是指组织对外提供的反映其某一特定日期的财务状况和某一会计期间的经营成果、现金流量等会计信息的文件。会计报告准则主要规范了财务报表的编制和披露要求。

财务报表至少应当包括资产负债表、利润表、现金流量表、所有者权益（或股东权益）变动表和附注。资产负债表是反映组织在某一特定日期财务状况的报表，它反映了组织在该日期所拥有或控制的经济资源、所承担的现时义务和所有者对净资产的要求权。利润表是反映组织在一定会计期间经营成果的报表，它反映了组织在该期间的收入、费用、利润等情况，能够帮助使用者了解组织的盈利能力。现金流量表是反映组织在一定会计期间现金和现金等价物流入与流出的报表，它能够帮助使用者了解组织的现金创造能力和资金流动性。所有者权益（或股东权益）变动表是反映构成所有者权益（或股东权益）的各组成部分当期的增减变动情况的报表，它有助于使用者理解所有者权益的变动原因。附注是对在资产负债表、利润表、现金流量表和所有者权益（或股东权益）变动表等报表中列示项目的文字描述或明细资料，以及对未能在这些报表中列示项目的说明等，能够提供更详细的信息，帮助使用者更好地理解财务报表。

财务报表的编制应当遵循真实可靠、全面完整、前后一致、编报及时、便于理解等原则。组织应当根据实际发生的经济业务，按照会计准则的规定进行会计核算，确保财务报表的数据真实可靠。财务报表应当反映组织的全部经济业务，编制人员不得遗漏重要信息，以保证报表的全面完整。在不同的会计期间，组织应当采用一致的会计政策和会计估计，确保财务报表的前后一致性，便于使用者进行比较和分析。同时，组织应当按照规定的时间及时编制和报送财务报表，以满足使用者对信息及时性的要求。此外，财务报表的格式和内容应当清晰明了，便于使用者理解和使用。

第二节　财务会计核算的流程与方法

一、财务会计核算的概念

（一）财务会计核算的定义

财务会计核算是指通过一系列专门的方法和程序，对特定主体所发生的经济业务进行全面、系统、连续地记录、分类、汇总、计算和报告的过程。它以货币为主要计量单位，将各种经济活动转化为以财务信息为主的经济信息，旨在为内部管理者、外部利益相关者等提供组织的财务状况、经营成果和现金流量等方面的准确信息。

在日常运营中，采购物资、支付人员薪酬、开展各类项目活动等经济业务频繁发生，财务会计核算就负责将这些活动以货币形式进行量化记录，如采购物资花费的金额、薪酬支出的具体数目等，并按照一定规则进行分类整理，最终形成能够反映整体经济活动情况的财务报告。

（二）财务会计核算的重要性

准确的财务会计核算能够清晰反映各类资源的来源和使用情况。基于这些信息，管理者可以作出合理决策，将资源从低效益项目调配到高效益项目，提高资源的整体利用效率，实现资源的优化配置，避免资源浪费。

准确、完整的财务会计核算信息在对外公开披露时，能极大地增强组织在社会公众和利益相关者中的公信力。对于潜在的合作伙伴、资助者等来说，透明的财务状况展示让他们更有信心与组织建立合作关系。例如，规范的财务报表能让资助者清楚地看到资金的使用是否符合规定用途，是否产生了预期效益，从而使组织赢得他们的信任和持续支持，为组织的发展营造良好的外部环境。

二、财务会计核算的流程

（一）原始凭证收集

原始凭证是财务会计核算的起点和基础，它记录了经济业务发生或完成时的最初情况。常见的原始凭证包括发票、收据、入库单、出库单、借款单等。在物资采购业务中，采购人员从供应商处取得的发票，详细记录了采购物资的名称、数量、单价、金额等信息，这就是一项重要的原始凭证。再如，工作人员在因公出差后提交的差旅费报销单，附上的交通票据、住宿发票等，都是证明差旅费支出的原始凭证。①

（二）记账凭证编制

在原始凭证审核无误的基础上，会计人员需要根据经济业务的内容确定相应的会计分录。这要求会计人员熟悉会计科目和记账规则。例如，当组织发生一笔购买办公用品的业务，取得的发票显示金额为500元并以现金支付时，会计人员应当判断该业务涉及“管理费用”和“库存现金”两个会计科目，根据借贷记账法，确定会计分录为：“借：管理费用500。贷：库存现金500。”其中，“管理费用”增加记借方，“库存现金”减少记贷方。

记账凭证的填制必须遵循严格的规范。记账凭证要确保内容完整，凭证日期、凭证编号、摘要、会计科目、金额、附件张数等项目都应填写齐全。同时，记账凭证的书写要工整、规范，不得潦草。

（三）账簿登记

1.日记账的登记方法

日记账是按照经济业务发生时间的先后顺序逐日逐笔进行登记的账簿。常

① 田艳.大数据时代财务会计向管理会计的转型措施[J].投资与创业,2024,35(24):64-66.

见的日记账有现金日记账和银行存款日记账。现金日记账由出纳人员根据审核后的现金收款凭证和现金付款凭证，逐日逐笔顺序登记。在登记时，出纳人员要将日期、凭证编号、摘要、对方科目、收入金额、支出金额等内容如实填入相应栏目。例如，当组织在某日收到一笔现金捐赠时，出纳人员应当根据收款凭证，在现金日记账中登记日期、凭证编号，摘要填写“收到捐赠现金”，对方科目填写“捐赠收入”，收入金额栏填写捐赠金额。银行存款日记账同样由出纳人员根据银行存款收款凭证和银行存款付款凭证进行登记，以此反映银行存款的收支变动情况。

2.分类账的登记要点

分类账分为总分类账和明细分类账。总分类账是对全部经济业务按照总分类科目进行分类登记的账簿，它能够提供总括的会计信息。总分类账的登记方法有多种，常见的是根据记账凭证逐笔登记，也可以根据科目汇总表或汇总记账凭证定期汇总登记。例如，当采用记账凭证逐笔登记时，记账人员要将记账凭证上的会计科目、借贷方向和金额，逐笔登记到总分类账的相应账户中。明细分类账是对总分类账的补充和细化，它按照明细分类科目对经济业务进行详细登记。明细分类账的登记依据是记账凭证及其所附的原始凭证，不同类型的明细分类账的登记方法有所不同。例如，对于应收账款明细分类账，记账人员要按照客户名称设置明细账户，根据记账凭证和相关原始凭证，逐笔登记每个客户的应收账款增减变动情况。

（四）财务报表编制

1.资产负债表的编制原理与方法

资产负债表是反映特定主体在某一特定日期财务状况的报表。其编制原理基于“资产=负债+净资产”这一会计等式。资产负债表中的资产项目，按照流动资产和非流动资产进行分类列示，如货币资金、应收账款、存货、固定资产、无形资产等。负债项目分为流动负债和非流动负债，包括短期借款、应付账款、长期借款、应付债券等。净资产项目则根据不同来源和性质进行列示。在编制时，资产负债表中各项目的金额主要根据总账和明细账的期末余额填列。例如，“货币资金”项目应根据“库存现金”“银行存款”“其他货币资金”等总账科目的期末余额合计数填列；“应收账款”项目要根据“应收账款”和“预收账款”科目所属各明细科目的期末借方余额合计数，减去“坏账准备”科目中有关应收账款计提的坏账准备期末余额后的金额填列。

2.收入支出表的编制要点

收入支出表是反映一定时期内收入、支出和结余情况的报表。收入项目按照不同来源进行分类，如财政拨款收入、事业收入、捐赠收入等。支出项目则根据用途和性质分为事业支出、经营支出、其他支出等。在编制收入支出表时，各项目的金额主要根据相关收入和支出科目的本期发生额填列。例如，“财政拨款收入”项目根据“财政拨款收入”总账科目的本期贷方发生额填列；“事业支出”项目根据“事业支出”总账科目及其所属明细科目的本期借方发生额合计数填列。收入支出表能够清晰地展示组织在一定时期内的收入取得情况和支出使用情况，以及最终的结余结果。

3.现金流量表的编制方法与意义

现金流量表是反映在一定会计期间现金和现金等价物流入与流出情况的报表。编制现金流量表的方法有直接法和间接法。直接法是通过现金收入与现金支出的主要类别列示经营活动、投资活动和筹资活动产生的现金流量。例如，销售商品、提供劳务收到的现金，购买商品、接受劳务支付的现金等项目，直接根据相关业务的现金收支情况填列。间接法是以净利润为起点，调整不涉及现金的收入、费用、营业外收支等有关项目，据此计算出经营活动产生的现金流量。现金流量表能够帮助使用者了解现金的来源和去向，评估组织的支付能力、偿债能力和资金周转能力，对于分析组织的财务状况和经营成果具有重要意义。

三、财务会计核算的方法

（一）设置账户

1.账户的分类与作用

账户是根据会计科目设置的，具有一定格式和结构，用于分类反映会计要素增减变动情况及其结果的载体。账户按照经济内容可分为资产类账户、负债类账户、净资产类账户、收入类账户和支出类账户。资产类账户用于核算各类资产的增减变动及结存情况，如“库存现金”“银行存款”“固定资产”等账户，组织通过这些账户可以清晰了解自身拥有或控制的经济资源状况。负债类账户核算负债的增减变动，如“短期借款”“应付账款”等账户，反映所承担的债务义务。净资产类账户体现所有者权益的变动，如“事业基金”“专用基金”等账户。收入类账户记录收入的取得情况，如“财政拨款收入”“事业收入”等账户。支出类账户核算支出的发生，如“事业支出”“经营支出”等账户。各类账户相互配合，全面、系统地反映了经济业务的全貌。

2.账户的结构与登记规则

账户的基本结构分为左右两方，一方登记增加额，另一方登记减少额。在借贷记账法下，资产类账户的借方登记资产的增加额，贷方登记资产的减少额，期末余额一般在借方；负债类账户的贷方登记负债的增加额，借方登记负债的减少额，在通常情况下，期末贷方会有余额留存；净资产类账户的贷方登记净资产的增加额，借方登记净资产的减少额，在一般情况下，期末贷方会呈现余额状态；收入类账户的贷方登记收入的增加额，借方登记收入的减少额，期末无余额；支出类账户的借方登记支出的增加额，贷方登记支出的减少额，期末无余额。例如，当“库存现金”资产类账户收到现金时，记账人员在借方登记增加金额；当“库存现金”资产类账户支付现金时，记账人员在贷方登记减少金额。遵循这些登记规则，记账人员能够准确记录经济业务对各账户的影响，保证会计信息的准确性和一致性。

（二）复式记账法

1.复式记账法的原理

复式记账法是指对每一项经济业务，都要以相等的金额，在相互关联的两个或两个以上账户中进行登记的记账方法。其原理基于会计等式“资产=负债+净资产”。任何一项经济业务的发生，都会引起会计等式中至少两个会计要素（或同一会计要素中的两个项目）发生增减变动。例如，当组织用银行存款购买办公用品时，这一经济业务会使资产要素中的“银行存款”减少，“存货”（办公用品作为存货核算）增加。按照复式记账法，记账人员既要在“银行存款”账户中记录减少的金额，又要在“存货”账户中记录增加的金额，且两个账户记录的金额相等。

2.复式记账法的优点

复式记账法的优点显著。它能够全面、系统地反映经济业务的来龙去脉，通过账户之间的对应关系，清晰地了解经济业务的内容和资金的流向。同时，其对每项经济业务都以相等的金额在相互关联的账户中进行登记，便于记账人员进行试算平衡，检查账户记录的正确性。如果账户记录出现错误，记账人员在试算平衡时就会发现借贷双方金额不相等，从而及时查找和纠正错误。

（三）成本核算

1.成本核算的对象与范围

成本核算的对象是指确定归集和分配生产费用的具体对象，即生产费用承担的客体。从实际应用角度来讲，成本核算的对象可以根据业务特点和管理要求确定。例如，对于开展的各类项目活动，财务人员可以将每个项目作为成本核算对象，归集项目实施过程中发生的直接材料、直接人工、设备使用等费用。成本核算的范围包括为实现目标而发生的各种直接和间接费用。直接费用是指与特定成本核算对象直接相关、能够直接计入该对象成本的费用，如项目活动中直接使用的材料费用、参与项目人员的薪酬等。间接费用是指与多个成本核算对象相关，需要按照一定方法分配计入各成本核算对象的费用，如共同使用的设备折旧费、场地租金等。

2.成本核算的方法

（1）品种法

品种法适用于大量大批单步骤生产或管理上不要求分步骤计算成本的多步骤生产。其核算步骤为：首先，财务人员按成本项目开设生产成本明细账；其次，财务人员根据各项费用的原始凭证和其他有关资料，编制各种费用分配表，将各项费用在各成本核算对象之间进行分配；最后，财务人员计算完工产品成本和在产品成本。

（2）分批法

分批法适用于单件、小批生产的情况。它以每批产品为成本核算对象，按批次开设生产成本明细账，在每批产品完工时计算成本。

（3）分步法

分步法适用于大量大批多步骤生产，且管理上要求分步骤计算成本的情况。它按照生产步骤逐步归集和分配成本，先计算各步骤半成品成本，再计算最终完工产品成本。

3.成本核算的步骤

在实际成本核算过程中，一般步骤如下：第一步，确定成本核算对象；第二步，确定成本项目，如直接材料、直接人工、制造费用等；第三步，收集和整理相关成本资料，包括原始凭证、费用分配表等；第四步，按照一定的方法将各项成本费用分配到各成本核算对象中；第五步，计算各成本核算对象的总成本和单位成本。科学合理的成本核算能够为成本控制、定价决策、绩效评价等提供重要依据。

（四）财产清查

1.财产清查的种类

财产清查按照清查范围，可分为全面清查和局部清查。全面清查是对所有财产进行全面盘点和核对，一般在年终决算前、单位撤销、合并或改变隶属关系，以及开展清产核资时进行。例如，在年终决算前，财务人员要对库存现金、银行存款、存货、固定资产、往来账款等所有财产进行全面清查，以此确保财务报表数据的真实性和准确性。局部清查是对部分财产进行盘点和核对，如对贵重物资、库存现金等进行定期或不定期的清查。例如，财务人员要每月对库存现金进行一次局部清查，确保现金账实相符；财务人员要对贵重的设备、文物等定期进行盘点，防止资产流失。

按照清查的时间，财产清查可分为定期清查和不定期清查。定期清查是指按照预先计划安排的时间对财产进行的清查，一般在年末、季末、月末进行。例如，财务人员要在每月末对银行存款进行对账，确保银行存款日记账与银行对账单一致。不定期清查是指根据实际需要临时进行的清查。例如，当组织更换财产物资保管人员时，保管人员要对其所保管的财产进行清查，以明确经济责任；当发生自然灾害或意外损失时，财务人员要对受损财产进行清查，以确定损失情况。

2.财产清查的方法

财产清查的方法主要有实地盘点法、技术推算法和查询核对法等。实地盘点法是通过逐一清点或用计量器具确定实物资产的实存数量。例如，财务人员应当对库存商品、原材料等进行实地盘点，直接清点数量并与账面记录核对。技术推算法适用于大量、难以逐一清点的财产物资，如煤炭、矿石等。财务人员应当通过测量体积、计算比重等技术手段，推算出财产物资的实存数量。查询核对法主要用于往来款项的清查，财务人员通过向对方单位发函询证等方式，核对往来款项的余额和发生额。例如，对于应收账款，财务人员应当向欠款单位发送询证函，确认双方的债权债务金额是否一致。

3.财产清查结果的处理

在财产清查后，财务人员若发现账实不符，需要及时进行处理。首先，在审批前，财务人员应根据清查结果调整账簿记录，使账实相符。例如，在盘盈一项固定资产时，财务人员应当按重置成本入账，借记“固定资产”科目，贷记“待处理财产损溢”科目；在盘亏原材料时，财务人员应当借记“待处理财产损溢”科目，贷记“原材料”科目。财务人员应当通过调整，使账簿记录反映实际的财产状况。

在审批后，财务人员应当根据不同情况进行相应的账务处理。盘盈的财产，若属于收发计量错误等造成的，经批准后冲减管理费用；若属于无法查明原因的现金溢余，贷记“营业外收入”科目。例如，盘盈的原材料经查明是收发计量误差导致，经批准后，从对应的待处理账户转出，贷记“管理费用”科目。盘亏的财产，若属于自然损耗等造成的，经批准后计入管理费用；若属于自然灾害等不可抗力造成的损失，扣除保险公司赔偿和残料价值后，计入营业外支出；若属于责任人赔偿的，计入其他应收款。

（五）财务报表分析

1.财务报表分析的指标体系

财务报表分析是通过对财务报表中的数据进行加工、分析和比较，评价财务状况、经营成果和现金流量的过程。其指标体系主要包括偿债能力指标、营运能力指标和盈利能力指标。

（1）偿债能力指标

偿债能力指标用于衡量偿还债务的能力，包括短期偿债能力指标和长期偿债能力指标。短期偿债能力指标有流动比率、速动比率等。流动比率是流动资产与流动负债的比值，反映组织在短期内用流动资产偿还流动负债的能力。一般认为，流动比率保持在2左右较为合适。速动比率是速动资产（流动资产减去存货）与流动负债的比值，它比流动比率更能准确地反映短期偿债能力，在通常情况下，速动比率为1时较为理想。长期偿债能力指标有资产负债率、产权比率等。资产负债率是负债总额与资产总额的比值，反映总资产中有多少是通过负债筹集的，一般认为，资产负债率的适宜水平为40%～60%。产权比率是负债总额与所有者权益总额的比值，它反映了债权人投入的资金受到所有者权益保障的程度。

（2）营运能力指标

营运能力指标用于评价资产的运营效率，主要有应收账款周转率、存货周转率、总资产周转率等。应收账款周转率是营业收入与平均应收账款余额的比值，反映应收账款的周转速度，周转率越高，表明收账速度越快，资产流动性越强。存货周转率是营业成本与平均存货余额的比值，衡量存货管理水平和存货周转速度，存货周转率越高，说明存货占用资金越少，存货管理效率越高。总资产周转率是营业收入与平均资产总额的比值，反映全部资产的经营质量和利用效率。

（3）盈利能力指标

盈利能力指标用于衡量组织获取利润的能力，常见的有毛利率、净利率、净资产收益率等。毛利率是毛利（营业收入减去营业成本）与营业收入的比值，反映产品或服务的初始盈利能力。净利率是净利润与营业收入的比值，体现每一元营业收入所带来的净利润。净资产收益率是净利润与平均净资产的比值，反映所有者权益的收益水平，用以衡量组织运用自有资本的效率。

2.财务报表分析的方法

（1）比率分析法

比率分析法是通过计算各种财务比率，如上述的偿债能力比率、营运能力比率和盈利能力比率等，分析财务状况和经营成果。例如，组织通过计算流动比率和速动比率，可以评估自身的短期偿债能力；组织通过计算净资产收益率，可以评价自身的盈利能力。

（2）比较分析法

比较分析法是将财务数据与同行业其他主体的数据、历史数据或预算数据进行对比分析。组织将财务数据与同行业其他主体进行对比，可以了解自身在行业中的地位和竞争力。例如，组织将自身的毛利率与同行业平均毛利率进行比较，若组织的毛利率高于行业平均水平，则说明组织在产品定价或成本控制方面具有优势。组织将财务数据与历史数据进行对比，能观察发展趋势和变化情况。比如，组织可以通过分析连续几年的营业收入增长率，判断业务增长态势。组织将财务数据与预算数据进行对比，可评估预算执行情况和经营管理水平。例如，组织将实际净利润与预算净利润进行对比，若实际净利润低于预算，则组织需分析原因，采取改进措施。

（3）趋势分析法

趋势分析法是对财务数据在连续多个期间的变化趋势进行分析，通过绘制折线图、计算定基比率或环比比率等方式，观察财务指标的变化规律。例如，组织可以通过绘制近五年的总资产周转率折线图，直观展示资产运营效率的变化趋势；组织可以通过计算各年营业收入相对于基期的定基比率，分析营业收入的增长趋势。

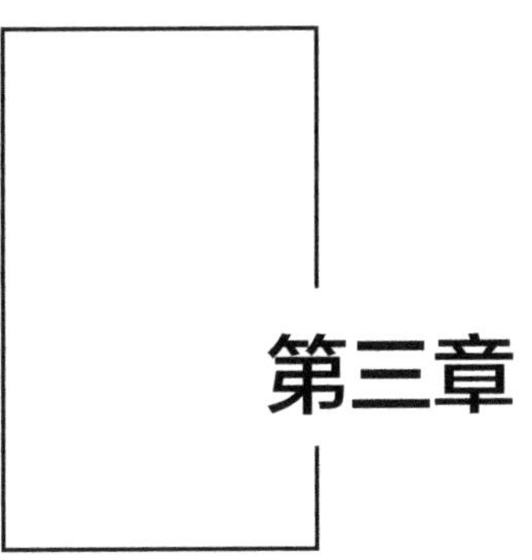

第三章

会计核算方法的优化与创新

第一节　传统会计核算方法的革新

一、传统会计核算方法存在的问题

（一）核算流程烦琐与效率低下

1.手工记账与凭证处理的局限性

在传统会计核算模式中，手工记账占据着重要地位。会计人员需将每一笔经济业务详细记录在纸质账簿上，这一过程不仅耗费大量的时间和精力，还极易出现人为错误。例如，在登记总账和明细账时，会计人员抄写错误导致数据不一致，需要花费额外的时间进行核对和更正。

凭证处理流程也较为烦琐。凭证处理从起始阶段，到记账凭证的编制，每一个环节都需要人工仔细操作。原始凭证可能来自不同的业务部门和交易场景，格式和内容各不相同，会计人员需要逐一进行整理和分类，判断其真实性、合法性和完整性。这一过程不仅工作量大，而且容易受到人为因素的影响，导致凭证审核不严格，进而影响后续的会计核算准确性。

2.信息传递与处理的滞后性

在传统会计核算方法下，信息传递主要依赖人工传递纸质文件或通过内部邮件等方式。这种信息传递方式存在明显的滞后性，尤其是在涉及多个部门的业务时，信息在部门之间的流转速度较慢，导致会计人员不能及时对相关业务信息进行核算。例如，采购部门在完成一笔采购业务后，需要将采购发票、入库单等凭证传递给财务部门，这一过程可能需要几天时间。在这段时间内，财务部门无法及时记录该笔采购业务，导致财务数据不能实时反映组织的实际运营情况。

传统会计核算系统通常是独立的，各个模块之间的数据共享和交互能力较弱。例如，财务系统与业务系统之间可能没有实现有效的对接，业务数据需要人工手动录入到财务系统中，这不仅增加了工作量，还容易出现数据录入错误，同时也影响了数据的及时性和准确性。

（二）计量属性单一的局限性

1.历史成本计量的固有缺陷

传统会计核算主要采用历史成本计量属性，这种计量属性的优点是具有客观性和可验证性，但随着经济环境的变化，其局限性也日益凸显。

首先，历史成本计量无法反映资产和负债的现行价值。在物价波动较大的情况下，资产的历史成本与当前市场价值可能存在较大差异。例如，组织购置的一项固定资产，随着时间的推移和技术的进步，其市场价值可能已经大幅下降，但按照历史成本计量，该资产在账面上的价值仍然是初始购置成本，这就导致资产的账面价值不能真实反映其实际价值，可能会使信息使用者对财务状况作出错误的判断。

其次，历史成本计量不利于对未来现金流量的预测。在决策过程中，信息使用者往往更关注组织未来的现金流量情况，而历史成本计量所反映的是过去的交易价格，无法为组织预测未来现金流量提供直接的帮助。例如，在评估一项投资项目时，评估者若仅依据资产的历史成本进行分析，可能无法准确评估该项目的未来盈利能力和投资回报率。

2.难以适应复杂经济业务的计量需求

在经济业务持续变革与拓展的背景下，许多新型的金融工具和交易方式应运而生，如衍生金融工具、套期保值业务等。这些复杂经济业务的价值波动较大，且与市场行情密切相关，传统的历史成本计量属性难以准确反映其价值和风险。

以衍生金融工具为例，其价值通常取决于标的资产的价格变动、利率、汇率等多种因素，具有高度的不确定性。历史成本计量只能记录衍生金融工具的初始取得成本，无法反映其在后续持有期间的价值变化情况。这就可能导致财务报表无法及时、准确地反映因衍生金融工具交易而产生的风险和收益，使信息使用者无法全面了解组织所面临的金融风险。

（三）成本核算方法的不适应性

1.传统成本核算方法的局限性

传统成本核算方法主要包括品种法、分批法和分步法，这些方法在过去相对简单的生产环境中发挥了重要作用。然而，随着生产技术的进步和生产组织方式的变革，传统成本核算方法的局限性逐渐显现。

在传统成本核算方法中，会计人员通常将间接费用按照一定的标准分配到产品或服务中。这种分配方法往往基于单一的分配标准，如人工工时、机器工时等，而在现代制造业环境下，间接费用的构成日益复杂，与生产过程的相关性也各不相同。例如，在高度自动化的生产车间，机器设备的折旧费、维护费等间接费用占比很大，而这些费用与人工工时的相关性较低。会计人员如果仍然按照人工工时分配间接费用，可能导致成本分配不合理，使某些产品的成本被高估，而另一些产品的成本被低估，从而影响定价决策和成本控制。

2.无法满足成本管理与决策的需求

现代成本管理不仅要求会计人员准确计算成本，还要求会计人员为成本控制、预算编制、绩效评价等管理决策提供有用的信息。传统成本核算方法侧重成本的计算，而对成本的分析和管理功能相对较弱。例如，传统成本核算方法无法清晰地反映成本的驱动因素，难以帮助管理者确定哪些活动或环节是成本控制的重点。

在预算编制方面，传统成本核算方法提供的历史成本数据可能无法准确反映未来的成本趋势。由于市场环境、技术进步等因素的影响，未来的成本结构可能发生较大变化，会计人员如果仅依据历史成本数据进行预算编制，可能导致预算与实际情况脱节，无法有效发挥预算的控制和指导作用。

在绩效评价方面，传统成本核算方法提供的成本信息无法全面、准确地反映各部门或各业务单元的成本控制绩效。成本分配不合理可能导致某些部门或业务单元因承担过多的间接费用而在绩效评价中处于不利地位，影响员工的积极性和工作效率。①

---

① 李懋劼,王海燕.基于智能财务的管理会计报告探索与实践[J].中国管理会计,2024(06):8-16.

二、传统会计核算方法的革新方向

（一）引入信息化手段，优化核算流程

1.会计电算化系统的应用与升级

会计电算化系统的应用是对传统会计核算流程的一次重大变革。通过会计电算化系统，会计人员可以将记账、算账、报账等工作交由计算机完成，大大提高了会计核算的效率和准确性。在会计电算化系统中，记账凭证的编制可以通过系统预设的模板和自动生成功能实现，减少了人工录入的工作量和错误率。同时，系统可以自动根据记账凭证登记总账、明细账和日记账，实现账证、账账、账表之间的自动核对，确保数据的一致性。

为了进一步提升会计电算化系统的功能，研发人员需要不断对其进行升级和优化。例如，研发人员通过增加财务分析模块，使系统能够对会计数据进行多维度的分析，为管理者提供决策支持；通过加强系统的安全性和稳定性，采用数据加密、用户权限管理等技术手段，防止数据泄露和非法篡改；通过实现会计电算化系统与其他业务系统的无缝对接，可与采购系统、销售系统、库存系统等进行集成，实现数据的实时共享和交互，减少人工重复录入，提高信息传递的及时性和准确性。

2.利用云计算技术提升核算效能

云计算技术的出现为会计核算带来了新的机遇。组织通过云计算平台，无须购买与维护昂贵的硬件设备和软件系统，只需通过互联网即可使用云端的会计核算软件和服务。云计算平台具有强大的计算能力和存储能力，可以满足组织对大量会计数据的处理和存储需求。同时，云计算平台还具有高度的灵活性和可扩展性，能够根据业务规模的变化随时调整资源配置，降低了信息化建设的成本和风险。

（二）拓展计量属性，增强信息相关性

1.公允价值计量的应用

公允价值计量是指资产和负债按照市场参与者在计量日发生的有序交易中的

脱手价格计量。与历史成本计量相比，公允价值计量能够更及时、更准确地反映资产和负债的现行价值，增强会计信息的相关性。

在金融工具的计量方面，公允价值计量得到了广泛应用。例如，对于交易性金融资产和负债，会计人员按照公允价值进行后续计量，其公允价值变动计入当期损益。这使财务报表能够及时反映金融工具的市场价值变化，为投资者和其他信息使用者提供了更有用的决策信息。在投资性房地产的计量中，会计人员也可以选择采用公允价值模式。如果投资性房地产所在地有活跃的房地产交易市场，并且能够从房地产交易市场上取得同类或类似房地产的市场价格及其他相关信息，从而对投资性房地产的公允价值作出合理估计，则会计人员可以采用公允价值模式对投资性房地产进行后续计量。采用公允价值模式计量的投资性房地产不计提折旧或进行摊销，会计人员应当以资产负债表日投资性房地产的公允价值为基础调整其账面价值，公允价值与原账面价值之间的差额计入当期损益。

2.多种计量属性的综合运用

在实际会计核算中，单一的计量属性往往无法满足所有经济业务的计量需求。因此，会计人员应根据不同经济业务的特点，综合运用多种计量属性。例如，对于固定资产和存货等资产，会计人员在初始计量时可以采用历史成本计量，以反映其取得时的实际成本；当进入后续阶段，如果资产的市场价值发生较大变化，则会计人员可以考虑采用公允价值计量或重置成本计量，以更准确地反映资产的实际价值。

对于一些特殊的经济业务，如非货币性资产交换、债务重组等，会计人员可能需要同时运用多种计量属性进行计量。在非货币性资产交换中，如果该项交换具有商业实质且换入资产或换出资产的公允价值能够进行可靠的计量，则会计人员应当以公允价值和应支付的相关税费作为换入资产的成本，公允价值与换出资产账面价值的差额计入当期损益。在债务重组中，如果债务人以非现金资产清偿债务，则会计人员应当将重组债务的账面价值与转让的非现金资产公允价值之间的差额，计入当期损益；转让的非现金资产公允价值与其账面价值之间的差额，计入当期损益。会计人员通过多种计量属性的综合运用，可以使会计信息更加全面、准确地反映财务状况和经营成果。

（三）创新成本核算方法，提高成本管理水平

1.作业成本法的应用与推广

作业成本法是一种以作业为基础的成本核算方法，它将间接费用按照作业活动进行归集和分配，能够更准确地反映成本的发生过程和成本动因。在作业成本法下，首先，会计人员将生产过程划分为若干个作业活动，如采购作业、生产准备作业、加工制造作业、质量检验作业等。其次，会计人员根据资源动因将各项资源费用分配到各个作业活动中，形成作业成本库。最后，会计人员根据作业动因将作业成本库中的成本分配到产品或服务中。

与传统成本核算方法相比，作业成本法具有明显的优势。它能够更准确地分配间接费用，避免单一分配标准导致的成本分配不合理问题。例如，在一个生产多种产品的车间中，不同产品对各项作业活动的消耗程度不同，如果会计人员采用传统成本核算方法按照人工工时分配间接费用，可能会导致某些产品的成本被高估，而另一些产品的成本被低估。而会计人员采用作业成本法，通过分析不同产品对各项作业活动的消耗情况，能够更准确地将间接费用分配到各个产品中，使成本计算更加准确。

2.生命周期成本法的运用与发展

生命周期成本法是一种从产品或服务的整个生命周期角度进行成本核算和管理的方法。它不仅考虑产品或服务在生产过程中的成本，还考虑产品或服务在研发、设计、营销、售后等各个阶段的成本。在产品或服务的研发阶段，组织需要投入大量的资金进行市场调研、技术研发和产品设计，这些成本虽然在短期内不会产生直接的经济效益，但对产品或服务的未来市场竞争力和盈利能力具有重要影响。在营销阶段，组织需要投入广告宣传、市场推广等费用，以提高产品或服务的知名度和市场占有率。在售后阶段，组织需要承担产品维修、保养、退换货等成本。

生命周期成本法对组织开展产品或服务的定价决策大有助益。组织在定价时并非仅着眼于生产成本，还需将产品或服务全生命周期内的其他成本纳入考量，以保证定价既能涵盖所有成本，又能达成一定的利润目标。生命周期成本法为产

品或服务的设计与改进提供重要支撑。组织借助对生命周期成本的剖析，可洞察成本偏高的环节，进而在设计阶段就加以优化，有效削减整个生命周期的成本。

为了更好地运用生命周期成本法，组织需要建立完善的成本核算体系，对产品或服务在各个阶段的成本进行准确记录和核算。同时，组织需要加强跨部门协作，财务部门、研发部门、生产部门、营销部门等要密切配合，共同进行生命周期成本的管理和控制。

三、传统会计核算方法革新的实施与保障

（一）人员培训

传统会计核算方法的革新对会计人员的专业技能提出了更高的要求。为了适应新的核算方法和技术手段，组织需要对会计人员进行全面的专业技能培训。培训内容应包括会计电算化系统的操作与应用、云计算和大数据技术在会计核算中的应用、公允价值计量和其他新会计准则的理解与运用、作业成本法和生命周期成本法等新成本核算方法的掌握等。

组织可以通过内部培训、外部培训和在线学习等多种方式进行培训。内部培训可以邀请组织内部的技术专家和业务骨干进行授课，分享实际工作中的经验和技巧；外部培训可以选派会计人员参加专业培训机构举办的培训班，学习最新的会计理论和实践知识；在线学习可以利用网络平台提供的丰富课程资源，让会计人员根据自己的时间和需求进行自主学习。

（二）制度建设与流程优化

1.完善会计核算制度与准则

为了确保传统会计核算方法的革新能够顺利实施，组织需要完善相关的会计核算制度与准则。组织应根据新的核算方法和技术手段，对原有的会计核算制度进行修订和补充，明确各项经济业务的核算方法和流程，规范会计凭证的填制、审核和保管，以及财务报表的编制和披露等。

在制定和完善会计核算制度时，组织要充分考虑与国际会计准则的接轨，借鉴国际先进的会计理念和方法，提高会计信息的可比性和国际认可度。同时，组织要加强对会计核算制度的宣传和培训，确保全体员工，特别是会计人员和相关

业务部门的人员能够了解与掌握新的制度要求，严格按照制度规定进行会计核算和业务处理。

2.优化内部管理流程与控制

传统会计核算方法的革新往往伴随着内部管理流程的变革。为了适应新的核算方法和信息技术的应用，组织需要对内部管理流程进行优化，加强内部控制。

在业务流程方面，组织要对采购、生产、销售等业务流程进行重新梳理和优化，消除不必要的环节和重复劳动，提高业务处理效率。

在内部控制方面，组织要建立健全内部控制制度，形成相互制约、相互监督的机制。例如，在财务审批流程中，组织应设置不同层级的审批权限，确保每一笔资金的支出都经过严格的审核和批准。同时，组织应加强对关键业务环节的内部控制，如采购环节的供应商评估与选择、合同签订与执行等，防范财务风险和经营风险。

（三）先进会计软件与硬件的投入

传统会计核算方法的革新离不开先进的会计软件和硬件的支持。组织应加大对会计信息化建设的投入，选择功能强大、性能稳定的会计软件。现代化的会计软件不仅应具备基本的记账、算账、报账功能，还应具备财务分析、成本管理、预算控制、风险管理等多种功能模块，以此满足不同层次的管理需求。

在硬件方面，组织要配备高性能的服务器、计算机终端和网络设备，确保会计信息系统的稳定运行。服务器应具备足够的存储容量和强大的计算能力，以处理大量的会计数据。计算机终端要满足会计人员日常办公的需求，具备良好的兼容性和稳定性。网络设备要保证网络的高速、稳定连接，实现数据的快速传输和共享。

四、传统会计核算方法革新的成效与展望

（一）革新带来的显著成效

1.核算效率与准确性的大幅提升

通过引入信息化手段，如会计电算化系统、云计算和大数据技术，传统会计

核算流程得到了极大的优化。手工记账和烦琐的凭证处理工作被计算机自动化操作取代，大大提高了核算效率。会计人员可以在短时间内完成大量的记账、算账和报账工作，减少人工操作带来的错误，确保会计数据的准确性和一致性。

同时，会计信息系统与其他业务系统的无缝对接，实现了数据的实时共享和交互，避免人工重复录入和数据不一致的问题。业务部门发生的经济业务能够及时反映到财务系统中，财务人员可以实时进行核算和分析，使财务数据能够更及时、更准确地反映组织的实际运营情况。

2.决策支持能力的增强

传统会计核算方法的革新为决策提供了更丰富、更准确的信息支持。拓展计量属性，综合运用公允价值计量等多种方法，使财务报表能够更真实地反映资产和负债的现行价值，以及组织的财务状况和经营成果，为投资者、债权人等信息使用者提供了更具相关性的决策信息。

创新成本核算方法，如作业成本法和生命周期成本法的应用，能够使会计人员更准确地计算成本，清晰地反映成本的驱动因素，为成本控制、定价决策、预算编制和绩效评价等管理决策提供了有力的支持。管理者可以根据这些信息制定更加科学的战略规划和经营策略，提高组织的竞争力和经济效益。

（二）未来发展展望

1.与新兴技术的深度融合

展望未来，传统会计核算方法将与更多新兴技术深度融合，会计核算将朝着智能化方向迈进。人工智能可以实现对大量会计数据的自动分析和处理，自动识别和分类原始凭证，自动生成记账凭证和财务报表，甚至可以进行财务风险预警和预测分析。这将进一步提高会计核算的效率和准确性，为管理决策提供更及时、更精准的信息支持。

区块链技术的应用也将为会计核算带来新的变革。区块链具有去中心化、不可篡改、可追溯等特点，可以确保会计信息的真实性和可靠性。在区块链技术中，每一笔经济业务都将被记录在一个分布式账本上，所有节点都可以共享和验证这些信息，任何一方都无法篡改数据。这将有效防止会计信息造假，提高会计信息的透明度和可信度。

2.适应不断变化的经济环境

随着经济全球化的深入发展和经济业务的不断创新，传统会计核算方法将面临更多的挑战和机遇。为了适应不断变化的经济环境，会计核算方法需要不断创新和完善。例如，随着数字经济的兴起，许多新型的经济业态应运而生，如电子商务、共享经济、数字货币等，这些新型经济业态对会计核算提出了新的要求。组织需要研究和制定相应的会计核算方法与准则，以准确反映这些新型经济业态的财务状况和经营成果。

环境保护和社会责任也日益成为人们关注的焦点。未来的会计核算需要将环境成本、社会责任成本等纳入核算范围，以更全面地反映组织的综合成本和社会效益。这将促使会计核算方法不断拓展和创新，以适应社会经济发展的新需求。

第二节　新兴会计核算技术的应用

在科技飞速发展的时代，新兴技术以前所未有的速度渗透会计核算领域，为其带来了革命性的变革。人工智能、区块链和云计算技术凭借各自独特的优势，在提高会计核算效率、保证数据准确性、增强信息安全性等方面发挥着关键作用，深刻改变着传统会计核算的模式与格局。

一、人工智能技术在会计核算中的应用

（一）自动化数据处理与录入

1.智能识别与分类原始凭证

在传统会计核算中，原始凭证的识别与分类工作烦琐且易出错。人工智能技术通过图像识别、光学字符识别（OCR）等技术，能够快速准确地读取各类原始凭证，如发票、收据、报销单等上的信息。例如，利用先进的图像识别算法，系统可以自动区分增值税专用发票、普通发票，并对发票上的发票代码、号码、开票日期、金额、税额、销售方与购买方信息等关键内容进行精准提取。

在识别过程中，人工智能系统还具备强大的学习能力。随着处理的原始凭证数量的增加，系统能够不断优化识别模型，提高识别准确率。对于一些格式不规范或字迹模糊的原始凭证，人工智能系统可以通过与已有的大量样本数据进行对比分析，尽可能准确地识别其中的信息。当完成信息提取后，系统会依据预设的规则和算法，自动对原始凭证进行分类，如将采购发票归入采购业务类别，将销售发票归入销售业务类别，大大节省了会计人员进行人工分类的时间和精力。

2.自动生成记账凭证

在获取并分类原始凭证信息后，人工智能系统能够依据会计准则和既定的会计科目设置，自动生成记账凭证。通过对原始凭证中经济业务内容的理解和分析，人工智能系统可以准确判断应借记和贷记的会计科目，并计算相应的金额。例如，对于一张采购原材料的增值税专用发票，系统可以识别出原材料的采购金额、增值税进项税额和对应的供应商信息，然后自动生成借记“原材料”“应交税费——应交增值税（进项税额）”，贷记“应付账款”（假设尚未支付货款）的记账凭证。

（二）智能财务分析与预测

1.多维度财务数据分析

人工智能技术能够对海量的财务数据进行快速、深入的多维度分析。它不仅可以对传统的财务报表数据，如资产负债表、利润表、现金流量表进行分析，还可以结合业务数据、市场数据等外部信息，从多个角度挖掘数据背后的价值。例如，人工智能系统可以分析不同业务板块的收入、成本、利润情况，对比各板块在不同时期的增长趋势，找出增长最快和最慢的业务板块，并进一步分析其原因。

在分析成本结构时，人工智能系统能够精确计算各项成本在总成本中的占比，以及各成本项目随时间的变化趋势。通过对销售数据与市场数据的关联分析，系统可以评估市场需求变化对销售收入的影响，以及不同营销策略对销售业绩的贡献程度。这种多维度的财务数据分析能够为管理层提供全面、详细的决策依据，帮助其制定更具针对性的经营策略。

2.精准的财务预测模型

借助机器学习算法，人工智能系统可以构建精准的财务预测模型。通过对历史财务数据和相关业务数据的学习与分析，财务预测模型能够捕捉到数据之间的内在规律和趋势，并以此为基础预测未来的财务状况和经营成果。例如，在预测销售收入时，财务预测模型可以综合考虑历史销售数据、市场增长率、宏观经济环境、行业趋势、新产品推出计划等因素，运用时间序列分析、回归分析等算法，预测未来一段时间内的销售收入。

在预测成本方面，财务预测模型可以根据原材料价格波动、生产效率提升、人工成本变化等因素，预测未来的成本支出情况。这些精准的财务预测结果能够帮助管理者提前做好资金规划、预算编制和风险预警。例如，如果预测到未来某个时期销售收入将出现下滑，管理层可以提前调整生产计划、优化成本结构或制定营销策略，以应对可能出现的经营风险。

（三）人工智能技术应用面临的挑战

1.数据质量与安全问题

人工智能系统的有效运行高度依赖高质量的数据。然而，在实际应用中，数据质量问题可能会影响人工智能系统的性能和准确性。数据可能存在不完整、不准确、重复或过时等情况，这些问题如果不加以解决，可能导致人工智能系统作出错误的分析和决策。例如，在原始凭证信息提取过程中，如果部分发票信息录入错误或缺失，可能会使后续的记账凭证生成和财务分析出现偏差。

数据安全也是人工智能应用面临的重要挑战。财务数据包含大量敏感信息，一旦泄露，可能会给组织带来严重的损失。人工智能系统在数据存储、传输和处理过程中，需要采取严格的数据加密、访问控制、防火墙等安全措施，防止数据被非法获取或篡改。此外，人工智能系统还需要建立完善的数据备份和恢复机制，以应对可能出现的数据丢失或损坏情况。[①]

① 刘琳,李春兰,孟晓烨.规范会计基础工作 提升单位会计工作管理水平[J].财讯,2024(18):132-134.

2.专业人才短缺问题

人工智能技术在会计核算中的应用需要既懂会计专业知识又掌握人工智能技术的复合型人才。然而，目前，这类专业人才相对短缺，这在一定程度上限制了人工智能技术的广泛应用和深入发展。传统会计人员对人工智能技术的了解和掌握程度有限，而人工智能专业人员对会计业务的理解可能不够深入，难以将人工智能技术与会计核算的实际需求紧密结合。

二、区块链技术在会计核算中的应用

（一）确保会计信息的真实性与不可篡改

1.分布式账本与共识机制

区块链技术的核心特点之一是分布式账本。在会计核算中，分布式账本意味着多个节点（如不同部门、分支机构或外部合作伙伴）共同参与记录和维护会计信息。每个节点都保存着完整的账本副本，任何一个节点的信息更新都会同步到其他所有节点。这种分布式的记录方式使得会计信息具有高度的透明性和可追溯性。

同时，区块链采用共识机制来确保各个节点之间数据的一致性。常见的共识机制有工作量证明、权益证明等。以工作量证明为例，节点需要通过计算复杂的数学问题来竞争记账权，只有计算出符合要求的结果的节点才能将新的交易记录添加到区块链上，并获得一定的奖励。其他节点在验证该节点提交的计算结果和交易记录的合法性后，将其同步到自己的账本中。这种共识机制保证了区块链上的会计信息是经过多个节点验证和认可的，难以被篡改。

2.加密技术保障数据安全

区块链使用先进的加密技术对会计信息进行加密处理，确保数据的安全性。在区块链中，每一笔交易都被加密成一个哈希值。哈希值是一个由数字和字母组成的唯一字符串，它与交易信息一一对应，且具有不可逆性。即使交易信息发生微小的变化，其对应的哈希值也会完全不同。

当一笔交易被记录到区块链上时，它会与前一个区块的哈希值和时间戳等信息一起被打包成一个新的区块。新区块的哈希值不仅取决于本区块内的交易信息，还取决于前一个区块的哈希值，由此形成了一个链式结构。这种链式结构使得任何试图篡改区块链上某一区块信息的行为都会导致后续所有区块的哈希值发生变化，而这种变化会被其他节点轻易发现。因此，区块链技术通过加密技术和链式结构，为会计信息提供了强大的安全保障，有效防止了数据被篡改被伪造。

（二）提高会计信息的透明度与可追溯性

1.全流程信息公开透明

在传统会计核算模式下，会计信息往往集中存储在少数几个中心节点（如财务部门的服务器），信息的透明度相对较低，外部利益相关者难以实时获取和监督会计信息。而区块链技术的应用使得会计信息在全流程中都保持公开透明。由于每个节点都保存着完整的账本副本，所有的交易记录和会计信息对参与区块链的各方都是可见的。

例如，在供应链业务中，从原材料采购、生产加工到产品销售的整个过程中，涉及的每一笔交易和资金往来都可以在区块链上实时记录与查询。供应商、生产商、销售商和监管机构等各方都可以通过授权访问区块链上的相关信息，了解交易的真实性、货物的流向和资金的收付情况。这种全流程的信息公开透明有助于增强各方之间的信任，提高交易的效率和公正性。

2.交易信息的全程可追溯

区块链的链式结构使得每一笔交易都具有明确的来源和去向，实现了交易信息的全程可追溯。从会计视角而言，这意味着会计人员可以从任何一个时间点的会计数据出发，沿着区块链的链条逐步追溯到每一笔原始交易的详细信息。如果在审计过程中发现某一笔财务数据存在异常，审计人员可以通过区块链迅速追溯到该笔数据对应的原始交易记录，包括交易发生的时间、地点、参与方、交易内容和相关的原始凭证等信息。

这种可追溯性不仅有助于会计人员及时发现和纠正会计核算中的错误与舞弊行为，还为监管机构提供了有力的监管手段。监管机构可以实时监控区块链上的会计信息，对交易的合规性进行审查，确保交易遵守相关法律法规和会计准则。

同时，对于内部管理者来说，交易信息的可追溯性也有助于加强内部控制，提高管理效率。

（三）区块链技术应用面临的挑战

1.技术标准与法规政策不完善

目前，区块链技术在会计核算领域的应用尚处于发展初期，相关的技术标准和法规政策有待完善。不同的区块链平台在技术架构、数据格式、共识机制等方面存在差异，这给区块链技术的互联互通和广泛应用带来了障碍。同时，由于区块链技术的创新性和特殊性，现有的法律法规在对其进行规范和监管时存在一定的滞后性。例如，对于在区块链上的智能合约执行过程中出现的纠纷，我国目前还缺乏明确的法律依据来界定各方的权利和义务。

2.性能与扩展性问题

随着区块链上交易数量的增加，区块链的性能和扩展性面临挑战。目前，一些区块链平台在处理大规模交易时，存在交易确认时间长、吞吐量低等问题。例如，比特币区块链每秒只能处理几笔交易，以太坊区块链的处理能力也相对有限。这对于会计核算中需要处理大量高频交易的场景来说，可能无法满足实际需求。

三、云计算技术在会计核算中的应用

（一）云端会计信息存储与共享

1.便捷的云端存储服务

云计算技术为会计信息提供了便捷的云端存储服务。组织无须再花费大量资金购置和维护本地的服务器等存储设备，只需将会计数据上传到云端服务器。云端存储具有大容量、高可靠性和高可用性的特点。云计算服务提供商通常会采用冗余存储技术，将数据存储在多个地理位置不同的服务器上，以防止因单一服务器故障导致数据丢失。

云端存储的扩展性非常强，可以根据数据量的增长随时扩展存储容量。例如，在业务快速发展的过程中，会计数据量不断增加，组织通过云计算平台可以轻松实现存储容量的动态调整，无须担心本地存储设备容量不足的问题。会计人员可以通过互联网随时随地访问云端存储的会计数据，无论是在办公室、家中，还是在外出办公时，都能方便地进行会计核算工作。

2.实时数据共享与协同工作

云计算技术使得会计信息能够在不同部门、不同分支机构之间实现实时共享和协同工作。通过云计算平台，各个部门可以实时上传和更新与会计核算相关的数据，如采购部门的采购订单数据、仓库部门的库存数据等。这些数据会实时同步到云端的会计信息系统中，财务部门可以及时获取最新的数据来进行会计核算和分析。

在协同工作方面，云计算平台提供了多人同时在线协作的功能。例如，财务人员可以通过云计算平台的在线协作工具，共同对报表进行编制和审核。不同的人员可以在各自的终端上同时对报表进行操作，系统会实时显示其他人员的操作内容，并自动保存和同步数据。这种实时数据共享和协同工作模式大大提高了会计核算的效率与准确性，减少了信息传递不及时和沟通不畅导致的工作延误与错误。

（二）弹性计算资源与成本效益

1.按需分配的计算资源

弹性计算资源是云计算的一大优势。在会计核算过程中，会计人员可能会遇到不同的计算需求。例如，在月末结账、编制财务报表或进行复杂的财务分析时，会计人员需要大量的计算资源来处理数据；在平时的日常核算工作中，计算资源的需求相对较少。会计人员通过云计算平台，可以根据实际需求灵活地分配计算资源。

在计算需求高峰期，组织可以快速增加计算资源，如租用更多的虚拟机、提高服务器的运算能力等，以确保会计核算工作能够高效、顺利地进行。当计算需求降低时，组织可以减少计算资源的使用，降低成本。这种按需分配的计算资源模式避免了因购买和维护大量本地计算设备而造成的资源浪费，同时也确保了组织在任何时候都能获得足够的计算资源支持来会计核算工作。

2.降低信息化建设成本

采用云计算技术进行会计核算可以显著降低信息化建设成本。传统的会计信息化建设需要投入大量资金购买服务器、存储设备、网络设备等硬件设施，以及购买和维护会计软件系统。同时，组织还需要配备专业的技术人员进行系统的安装、调试、维护和管理。这些硬件设备和软件系统的更新换代速度较快，后续的升级和维护成本也较高。

而云计算服务采用按需付费的模式，组织只需根据实际使用的云计算资源量支付费用，无须进行大量的前期硬件和软件投资。此外，云计算服务提供商通常会负责系统的维护和管理工作，组织无须再配备专业的技术人员，从而大大降低了信息化建设的人力成本。总体而言，云计算技术为组织提供了一种低成本、高效益的会计信息化解决方案。

（三）云计算技术应用面临的挑战

1.网络依赖与稳定性问题

云计算技术高度依赖网络连接。网络如果出现故障或不稳定，就会影响会计人员对云端会计信息系统的访问和使用，导致会计核算工作无法正常进行。例如，在网络中断的情况下，会计人员无法上传或下载会计数据，无法进行实时的会计核算和报表编制工作。此外，网络延迟也可能会导致数据传输速度变慢，影响工作效率。

2.数据隐私与合规性担忧

将会计数据存储在云端，可能会引发组织对数据隐私和合规性方面的担忧，组织担心云端存储的会计数据被云计算服务提供商或其他第三方非法获取或滥用。同时，不同地区和行业可能存在不同的法律法规和监管要求，对于会计数据的存储、传输和使用有严格的规定，组织需要确保自身在使用云计算技术时符合相关的合规性要求。

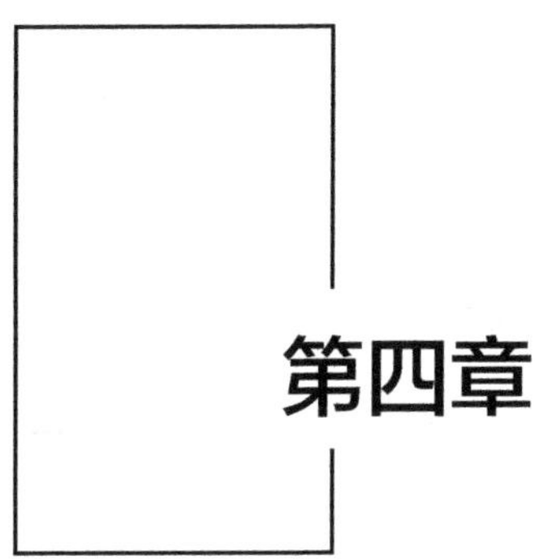

会计信息化与数字化转型

第一节　会计信息化的发展历程与现状

在科技日新月异的当下，信息技术已深度融入社会的各个领域，会计工作也深受其影响。会计信息化作为信息技术与会计工作融合的成果，对提升会计工作效能、保障数据精准度、增强决策支撑力意义非凡。我们回顾其发展历程，能清晰洞察其演进轨迹；审视当下现状，有助于自身把握机遇、应对挑战，推动会计信息化迈向新高度。

一、会计信息化的发展历程

（一）起步阶段（20世纪70年代末至80年代末）

1.计算机初步应用

20世纪70年代末，在科技发展的浪潮中，计算机技术如同初升的朝阳，缓缓照亮了会计领域这片传统的天地。当时，计算机硬件设备堪称“昂贵的奢侈品”。一台普通的计算机，其价格对于许多组织而言，是一笔巨大的开支，往往需要投入大量的资金储备才有可能购置，而且早期计算机的性能极为有限，运算速度较为缓慢。以当时的标准来看，每秒能够进行数千次的简单运算已属不易，这与如今计算机每秒能够进行数亿次甚至更高量级运算的速度相比，简直是天壤之别。其存储容量更是小得可怜，可能仅能存储一些简单的账目数据和少量的程序代码，稍复杂一点的业务数据就会让其存储空间捉襟见肘。

这时的软件系统也处于初级阶段，软件功能简单到仅能满足最基础的会计运算需求。在这样的大环境下，会计信息化的进程迈出了谨慎且关键的第一步，主要表现为对单项会计业务的电算化处理。以工资核算环节为例，在计算机引入之前，人工手动计算员工工资是一项艰巨而烦琐的任务。会计人员需要依据复杂的工资计算规则，对大量的员工考勤记录、绩效数据进行逐一的核算与统计。这不仅计算过程容易出错，而且一旦出现错误，查找和纠正起来也极为困难，耗费大量的人力和时间。当计算机开始应用于工资核算后，一切都发生了改变。通过预设的工资计算程序，会计人员只需将员工的考勤、绩效等数据准确输入，计算机便能迅速且准确地得出工资结果。这一转变极大地提高了工资核算的效率和准确性，让会计人员从烦琐的重复劳动中解脱出来。

这时的账务处理开始尝试电算化。通过简单的会计软件，会计人员能够将账目信息进行数字化记录。相较于传统的手工记账方式，计算机在数据记录的准确性上有了质的飞跃。在手工记账时，人为书写容易出现字迹潦草、数字模糊等问题，而且在进行账目计算时，容易出现计算错误。而计算机软件能够自动进行数据的计算和存储，大大降低了这些风险，确保了账目数据的清晰与准确。

2.软件定制开发

由于当时通用会计软件市场尚未形成，如同一片未开垦的荒地，组织要想实现会计信息化，就不得不选择软件定制开发这条充满挑战的道路。在这一过程中，组织主要依靠内部技术人员，若内部技术力量不足，则组织选择与软件公司展开合作，共同根据自身独特的会计业务需求来开发软件。

这些定制软件在功能上，局限于满足基本的会计核算功能，如简单的记账、算账和报账。记账功能仅能实现对日常经济业务的简单记录，无法进行复杂的账目分类和关联分析；算账功能只能够进行基本的四则运算，对于一些复杂的财务分析计算则无能为力；报账功能则主要是生成简单的报表，报表的格式和内容都较为单一。

在数据处理方式上，定制软件采用的是单机形式。每一台计算机就如同一个孤岛，各个模块之间相互独立，缺乏有效的数据共享与交互机制。例如，工资核算模块在完成工资计算后，其数据无法自动传输至账务处理模块。会计人员只有手动将工资核算结果录入账务处理模块，才能完成整个会计流程。这一过程不仅增加了会计人员的工作量，延长了会计工作的时间周期，而且在人工录入的过程中，容易出现数据不一致的情况。一旦出现数据不一致，会计人员就需要花费大量的时间和精力去排查与纠正错误，严重影响了会计工作的效率和质量。

3.人才短缺与推广受阻

计算机技术在20世纪70年代末至80年代末尚未普及，对于大多数人来说，计算机还是一种神秘而陌生的高科技产物。在这样的背景下，专业的会计电算化人才极度稀缺。一名合格的会计电算化人才不仅需要精通会计专业知识，熟悉各种会计法规和财务制度，还需要熟练掌握计算机操作技能，能够运用计算机解决会计工作中的实际问题。然而，这样的复合型人才在当时可谓是凤毛麟角。

在教育领域，即当时的高校教育体系中，会计专业与计算机专业几乎是相互独立的，很少有学校开设将两者相结合的课程。这就导致会计专业的学生对计算机技术了解甚少，而计算机专业的学生又对会计业务一窍不通。这种教育体系的局限性，使得高校难以培养出满足会计信息化需求的专业人才。

由于人才的短缺，会计信息化在推广过程中面临着重重困难。许多组织对引入会计电算化心存疑虑，他们担心计算机操作过于复杂，现有的会计人员难以适应。毕竟，对于长期从事手工记账的会计人员来说，突然面对一个陌生的计算机系统，学习全新的操作方法和软件应用，无疑是一项巨大的挑战。组织还担心在引入会计电算化系统后，一旦出现系统故障或技术问题，缺乏专业人才的维护与指导，会计信息化系统将无法正常运行，甚至可能导致会计数据的丢失或损坏，从而给自身的财务管理带来严重的影响。

即便部分组织勇敢地尝试引入会计信息化系统，但由于缺乏专业人才的支持，系统往往无法充分发挥应有的效能。会计人员在使用过程中遇到问题时，无法得到及时有效的解决，导致工作效率低下，甚至可能对会计信息化产生抵触情绪。然而，尽管这一阶段充满了艰辛与挑战，但它的探索意义重大。它为后续会计信息化的发展奠定了坚实的基础，让人们深刻认识到计算机技术在会计领域应用的巨大潜力，为后续的发展指明了方向。

（二）发展阶段（20世纪90年代至21世纪初）

1.硬件性能提升与软件功能拓展

步入20世纪90年代，科技发展的列车仿佛驶入了一条高速通道，计算机硬件领域迎来了重大的变革。曾经价格高昂、性能有限的计算机，在技术革新的推动下，发生了脱胎换骨的变化。硬件性能大幅提升，价格却逐渐亲民，这一降一升为计算机在会计领域的广泛应用打开了新的大门。

从运算速度来看，早期计算机每秒仅能进行数千次简单运算，而到了20世纪90年代，随着芯片技术的不断突破，计算机的运算速度呈指数级增长。新型处理器的诞生，使得计算机能够在极短的时间内处理海量的数据，为复杂的会计数据运算提供了强大的支持。在存储容量方面，硬盘技术的进步让计算机的存储能力实现了质的飞跃。以往只能存储少量数据的计算机，到了20世纪90年代能够容纳大量的账目信息、业务文档和各类数据备份。这不仅解决了数据存储的难题，还为会计信息系统的功能拓展奠定了坚实基础。

数据库技术和网络技术也取得了长足的发展。数据库技术从简单的文件存储方式，发展为能够高效管理和检索大量数据的关系型数据库，这使得会计数据的存储更加规范、有序，数据的查询和调用变得更加便捷。网络技术的兴起，则打破了计算机之间的孤立状态。通过局域网和广域网的连接，不同地点的计算机能够实现数据共享和通信，为会计信息系统的集成化发展提供了技术支撑。

受硬件和相关技术发展的影响，会计软件的功能也在不断完善和拓展。会计软件不再局限于单项业务的电算化处理，而是向集成化的会计信息系统迈进。这一时期的会计信息系统涵盖了账务处理、报表编制、固定资产管理、存货管理等多个核心模块。各模块之间实现了无缝的数据共享与交互，大大提高了会计工作的效率和准确性。例如，在固定资产管理模块中，当资产发生增减变动时，系统能够自动将相关信息实时传递至账务处理模块，依据预设的会计规则，自动生成相应的会计凭证。这一过程不仅避免了人工录入可能出现的错误，还确保了数据在不同模块之间的一致性和连贯性。无论是日常的账目记录，还是复杂的财务报表编制，会计信息系统都能够快速、准确地完成，为财务管理提供了有力支持。

2.商品化会计软件兴起

20世纪90年代，商品化会计软件市场如雨后春笋般蓬勃发展，成为推动会计信息化进程的重要力量。用友、金蝶等一批专业软件公司在这一时期崭露头角，它们专注于会计软件的研发与推广，为市场带来了一系列具有创新性和实用性的产品。

商品化会计软件具有诸多显著优势。首先，商品化会计软件的通用性强，能够满足不同组织在会计核算和财务管理方面的基本需求。无论是简单的财务记账，还是复杂的成本核算、预算管理，商品化会计软件都提供了相应的功能模块，组织无须再花费大量的时间和精力进行软件定制开发。其次，商品化会计软件的功能丰富，涵盖了会计工作的各个环节。除了基础的账务处理和报表编制功能外，商品化会计软件还具备固定资产管理、存货核算、往来账款管理等多种功能，能够全面满足组织的财务管理需求。最后，商品化会计软件的技术支持完善，软件公司拥有专业的技术团队，能够为用户提供及时、有效的技术服务。

软件公司不仅注重产品的研发，还十分重视用户的使用体验。为了帮助用户快速上手，它们提供专业的培训服务。培训内容包括软件的基本操作、功能应用、数据录入等方面，通过理论讲解和实际操作相结合的方式，让用户能够在短时间内熟练掌握软件的使用方法。在售后服务方面，软件公司设立了专门的客服团队，随时解答用户在使用过程中遇到的问题。无论是软件故障的排除，还是功能的优化建议，客服团队都能够及时响应并提供解决方案。

这些优势使得商品化会计软件在市场上备受青睐，众多组织纷纷引入。随着商品化会计软件的广泛应用，会计工作从传统的手工记账模式迅速向电算化转变。这一转变不仅提高了会计工作的效率和质量，还推动了会计行业的规范化和标准化发展。许多组织通过使用商品化会计软件，实现了财务数据的集中管理和实时共享，为管理层的决策提供了更加准确、及时的信息支持。

3.人才培养体系逐步建立

随着会计信息化的快速发展，组织对专业人才的需求日益迫切。各大高校敏锐地察觉到这一趋势，纷纷调整专业设置和课程体系，开设了会计电算化相关专业或课程。这些专业和课程的设置，旨在培养既懂会计专业知识，又熟悉计算机技术的复合型人才，为会计信息化的发展提供了坚实的人才保障。

课程设置涵盖了多个重要领域。会计专业知识课程是基础，包括会计学原理、中级财务会计、高级财务会计、成本会计、管理会计等。这些课程系统地传授了会计的基本理论、方法和技能，让学生掌握财务核算、财务分析、财务管理等核心知识。计算机基础课程则让学生熟悉计算机的基本操作、操作系统的使用和办公软件的应用，为后续学习会计软件和数据库技术打下基础。数据库原理课程深入讲解数据库的设计、管理和应用，使学生能够理解如何构建和维护会计信息系统中的数据存储结构。会计软件应用课程则是将理论知识与实际操作相结合，通过对主流会计软件的学习和实践，让学生熟练掌握会计软件的操作流程和功能应用。

除了课堂教学，高校还注重实践教学环节。高校通过建立会计实验室，为学生提供模拟的会计工作环境，让学生在实践中巩固所学知识，增强应对实际事务的本领。一些高校还与软件公司建立合作关系，为学生提供实习机会，让学生能够接触到真实的会计信息化项目，积累实际工作经验。

这些经过系统培养的专业人才在毕业后进入各个组织，成为推动会计信息化发展的中坚力量。他们凭借扎实的专业知识和熟练的计算机技能，迅速适应会计信息化工作的要求，为组织的会计信息化建设和应用提供有力支持。在日常工作期间，他们不仅能够熟练运用会计信息系统进行财务核算和管理，还能够根据组织的需求，对系统进行优化和改进，推动会计信息化在各领域的深入应用。他们的努力进一步促进了会计信息化在社会经济各个层面的普及和发展，为会计行业的现代化转型作出了重要贡献。

（三）成熟阶段（21世纪初至今）

1.新兴技术深度融合

进入21世纪，云计算、大数据、人工智能、区块链等新兴信息技术如雨后春笋般涌现，并迅速与会计信息化深度融合。云计算技术的应用，彻底改变了会计信息系统的部署模式。组织无须再投入大量资金购置和维护硬件设备及软件系统，只需租用云服务，即可拥有功能强大的会计信息处理平台。云会计服务提供商能够保障数据的实时存储与备份，用户可通过互联网随时随地访问和处理会计业务，极大地提高了工作的灵活性和便捷性。

大数据技术为会计数据分析带来了革命性变革。组织能够收集海量的内外部数据，包括财务数据、业务数据、市场数据等。管理者借助大数据挖掘手段，对这些数据进行深度挖掘和分析，能够发现数据背后隐藏的规律和趋势，为决策提供更全面、更深入、更精准的依据。例如，管理者通过对历史销售数据、成本数据和市场动态数据的综合分析，能够制定出更合理的销售策略和成本控制方案。

人工智能技术在会计领域的应用日益广泛。智能财务机器人能够模拟人类会计人员的操作，自动完成重复性、规律性的会计工作，如账务处理、发票识别与审核等。智能财务机器人不仅工作效率高，而且准确性强，能够有效避免人为错误。同时，人工智能系统还可通过机器学习算法对财务数据进行实时监控，敏锐觉察潜在的财务危机，并发出预警信号。

区块链技术以去中心化、不可篡改、可追溯等特性，为会计信息的真实性和可靠性提供了坚实保障。在会计领域，区块链可应用于财务交易的记录与验证，每一笔交易都被加密存储在区块链的多个节点上，任何一方都无法单独篡改交易数据，确保了交易信息的安全和透明，大大降低了财务造假的风险。

2.财务业务一体化

在这一时期，会计信息系统与组织的其他管理信息系统的集成达到了新的高度，实现了财务业务一体化。会计信息系统不再是孤立的存在，而是与企业资源计划（ERP）系统、客户关系管理（CRM）系统、供应链管理（SCM）系统等紧密融合。例如，在采购业务中，当采购部门下达采购订单后，相关信息会自动传递至供应链管理系统进行采购流程跟踪，同时传递至会计信息系统生成相应的应付账款记录；当销售业务发生时，销售数据在CRM系统中记录的同时，也会实时反馈到会计信息系统，自动生成销售收入和应收账款。这种财务业务一体化的模式，使得组织内部各部门之间的信息流通更加顺畅，业务流程与财务流程无缝对接，有效提高了组织的运营效率和管理水平。

3.持续创新与发展趋势

随着技术的不断进步，会计信息化持续创新。移动办公技术与会计信息化的融合日益紧密，会计人员通过手机、平板电脑等移动设备，即可随时随地处理会计业务，如费用报销的审批、财务报表的查看与分析等。同时，会计信息化的发展也促使会计工作模式和职业发展方向发生转变。传统的会计核算工作逐渐向智能化、自动化方向发展，会计人员需要更多地参与财务管理、数据分析、决策支持等高端领域，提升自身的综合素质和业务能力，以适应会计信息化时代的发展需求。

二、会计信息化的现状

（一）制度建设逐步完善

随着会计信息化的推进，相关的制度建设工作稳步开展。针对会计信息系统的操作规范、数据安全管理、系统维护等方面，一系列规章制度逐步建立。在数据存储与备份方面，相关规章制度明确规定了数据的存储格式、存储期限和备份频率，要求组织对重要的会计数据进行定期异地备份，以防止本地存储设备故障或遭受自然灾害等不可抗力因素导致数据丢失。在系统操作权限管理上，组织实行严格的用户角色划分和权限分配制度。不同岗位的人员仅被赋予与其工作内容相关的操作权限。例如，会计人员拥有账务处理模块的操作权限，而审核人员则被授予对会计凭证的审核权限，组织以此杜绝越权操作行为，确保会计信息系统的安全稳定运行。同时，为适应会计信息化发展，相关的会计法规也在不断修订和完善，以确保会计信息化工作在法律框架内有序进行。

（二）人才培养多元化推进

在人才培养方面，我国形成了多元化的格局。高校作为人才培养的主阵地，积极调整课程设置以适应会计信息化的需求。除了传统的会计专业课程外，高校增设了大量与信息技术相关的课程。例如，数据库原理课程让学生掌握如何构建和管理会计数据存储结构；会计信息系统课程则通过实践教学，使学生熟悉主流会计软件的操作流程和功能应用。同时，高校注重与各类机构的合作，开展联合实践活动，为学生提供实际项目锻炼的机会，提升学生的实践能力。在社会培训方面，各类培训机构针对在职人员开设了丰富多样的会计信息化培训课程：既有针对初学者的基础会计软件操作培训，帮助他们快速掌握会计信息化的基本技能；也有针对中高级会计人员的数据分析与决策支持培训，提升他们运用信息化手段进行财务管理和决策分析的能力。此外，组织内部也会开展会计信息化培训工作，根据自身业务特点和所使用的会计信息系统，对员工进行有针对性的培训，确保员工能够熟练运用系统开展工作。

（三）数据管理精细化发展

会计信息化促使数据管理向精细化方向迈进。在数据采集环节，会计信息系统通过与业务系统的集成，实现了数据的自动采集和实时更新。例如，在采购订单生成后，相关的采购数据会自动传输到会计信息系统，无须进行人工二次录入，减少了数据录入错误的可能性，提高了数据采集的效率和准确性。从数据处理角度来看，会计信息系统运用先进的数据处理技术，对采集到的数据进行清理、转换和整合，去除重复、错误的数据，将不同格式的数据转换为统一格式，以方便后续的分析和应用。同时，建立了数据仓库，对海量的会计数据和业务数据进行集中存储与管理，为数据分析和决策支持提供了有力的数据支撑。在数据质量控制方面，会计信息系统建立了严格的数据质量监控体系，对数据的准确性、完整性、一致性进行实时监控。一旦发现数据质量问题，会计信息系统就会及时进行预警和纠正，确保数据的可靠性。①

（四）内外部合作日益紧密

会计信息化的发展使得组织内外部合作日益紧密。一方面，组织与软件供应商的合作不断深化。在会计信息系统的选型、建设和维护过程中，组织与软件供应商保持密切沟通。软件供应商根据用户的需求和反馈，不断优化软件功能，提高软件的稳定性和易用性。同时，软件供应商还为用户提供专业的技术支持和培训服务，确保用户能够顺利使用会计信息系统。另一方面，组织与行业协会、科研机构等的合作也日益频繁。行业协会组织开展各类会计信息化研讨会、经验交流会等活动，促进不同组织之间的经验分享和交流合作。科研机构则专注于会计信息化领域的前沿技术研究，为会计信息化的发展提供理论支持和技术创新。此外，组织还与金融机构、税务部门等外部机构加强合作，实现数据共享和业务协同。例如，组织与银行实现系统对接，实时获取银行账户资金变动信息，方便进行资金管理；组织与税务部门共享纳税申报数据，提高纳税申报的准确性和及时性。

（五）会计软件应用广泛且深入

各类会计软件在会计信息化进程中得到广泛且深入的应用。基础核算型会计软件能够满足日常的账务处理、报表编制等基本会计核算需求。其操作界面简单明了，功能模块设计合理，方便会计人员进行日常的会计工作。而管理型会计软件则在此基础上，增加了预算管理、成本管理、绩效管理等功能模块，为财务管理提供了更强大的支持。例如，预算管理模块能够实现预算的编制、执行、监控和分析的全过程管理，帮助管理者合理规划和控制资金使用。此外，一些行业特定的会计软件也应运而生，会计软件供应商针对不同行业的业务特点和会计核算

① 赵玉梦.信息化背景下行政事业单位财务会计优化策略研究[J].中国集体经济,2025(02):165-168.

要求，提供定制化的解决方案。这些软件在功能设计上充分考虑了行业的特殊需求，如制造业的成本核算、服务业的收入确认等，提高了会计工作的针对性和专业性。同时，随着移动互联网的发展，移动会计软件也逐渐兴起，会计人员可以通过手机、平板电脑等移动设备随时随地进行会计业务处理，提高了工作的灵活性和便捷性。

第二节　数字化转型对会计实践的影响与创新

一、数字化转型对会计实践的影响

（一）对会计核算的影响

1.数据采集自动化

在传统会计核算模式中，数据采集往往依赖人工手动录入，效率低下且容易出错。数字化转型使得会计系统能够与业务系统深度集成，实现数据的自动采集。例如，当采购订单生成后，相关的采购金额、供应商信息等数据可以实时传输至会计系统，无须会计人员再次录入。这不仅大大提高了数据采集的效率，还减少了人为错误，保证了数据的准确性和及时性。

2.核算流程智能化

智能核算系统的出现改变了传统的会计核算模式。系统可以根据预设的会计规则和算法，自动完成诸如账务处理、费用分摊、成本计算等复杂的核算工作。以固定资产折旧计算为例，智能核算系统能够根据资产的购置时间、折旧方法等信息，准确无误地计算每期折旧额，并自动生成相应的会计凭证。这种智能化的核算流程大大缩短了会计核算周期，提升了工作效能。

3.会计信息实时性增强

数字化技术打破了时间和空间的限制，使得会计信息能够实时更新和传递。当业务发生时，相关数据即时反映在会计系统中，管理层可以实时获取财务信息，随时掌握组织的财务状况和经营成果。这有助于管理层及时发现问题并作出决策，提高了财务管理的时效性和决策的科学性。

（二）对会计监督的影响

1.监督方式变革

传统的会计监督主要依赖定期的人工审查账目和报表，具有一定的滞后性。数字化转型推动了会计监督向实时监督和动态监督转变。借助数字化监测手段，监督系统可以实时监测会计数据的异常变动，及时发现潜在的风险和违规行为。例如，当某项费用突然大幅超出预算时，系统能够立即发出预警，提醒相关人员进行核查。

2.监督范围拓展

数字化转型使得会计监督不再局限于财务数据本身，还能够涵盖与业务相关的各类非财务数据。通过对业务流程中产生的海量数据进行综合分析，监督人员可以更全面地了解经济活动的全貌，发现隐藏在业务环节中的风险点。例如，监督人员可以结合采购数量、库存数据变动、销售数据变动等多维度信息，判断组织是否存在不合理的采购行为或库存积压问题。

3.数据安全监督加强

随着会计工作数字化程度的提高，数据安全成为重要的关注点。数字化转型促使会计人员加强对数据存储、传输和使用过程中的安全监督。数字化会计系统通过加密技术、访问控制、数据备份与恢复等措施，确保会计数据的保密性、完整性和可用性，防止数据泄露、被篡改等安全事件的发生。

（三）对会计人员的影响

1.从核算型向管理型转变

在数字化环境下，会计核算工作的自动化程度不断提高，会计人员从烦琐的记账、算账工作中解放出来，有更多时间和精力参与管理决策。他们可以利用专业知识和数据分析技能，对财务数据进行深入挖掘和分析，为组织的战略规划、预算编制、成本控制等提供有价值的建议，从单纯的核算者转变为管理者的参谋和助手。①

2.技能要求多元化

数字化转型要求会计人员具备多元化的技能。除了传统的会计专业知识外，会计人员还需要掌握信息技术、数据分析、风险管理等方面的知识和技能。例如，会计人员需要熟练运用财务软件、数据分析工具来解读和分析大数据，了解区块链等新兴技术在会计领域的应用，以适应数字化时代的工作需求。

3.团队协作与沟通能力提升

数字化转型使得会计工作与其他业务部门的联系更加紧密，会计人员需要与不同部门的人员进行有效的沟通和协作。例如，在制定预算时，会计人员需要与各业务部门沟通了解业务计划和资源需求；在实施成本控制时，会计人员需要与采购、生产等部门共同探讨降低成本的措施。因此，良好的团队协作和沟通能力成为会计人员不可或缺的素质。

（四）对会计档案管理的影响

1.档案存储电子化

传统的会计档案以纸质形式为主，存储和管理成本高，且占用大量空间。数字化转型推动了会计档案向电子化存储转变。电子发票、电子凭证、电子报表等各类电子会计档案的出现，不仅节省了存储空间，还使会计档案便于长期保存和查询。同时，组织通过建立电子档案管理系统，实现了档案分类、索引和检索的自动化，提高了档案管理的效率。

2.档案管理流程优化

在数字化环境下，会计档案的生成、传输、归档和保管等流程得到了优化。例如，电子发票从开具到报销入账，整个过程可以实现电子化流转，无须人工传

① 赵伟钰.大数据时代管理会计转型发展研究[J].商业观察,2024,10(33):102-105.

递纸质发票。档案的归档也可以通过系统自动触发，按照预设的规则进行分类存储。此外，数字化档案管理还便于实现档案的远程查阅和共享，提高了档案的利用价值。

3.档案安全保障升级

电子会计档案虽然具有诸多优势，但也面临数据丢失、被篡改等安全风险。为保障档案安全，数字化转型促使组织采用先进的技术手段，如加密技术、数字签名、备份恢复等。同时，组织应当建立严格的档案访问权限管理制度，确保只有授权人员能够访问和操作档案数据，有效保护会计档案的真实性、完整性和安全性。

二、数字化转型对会计实践的创新

（一）会计工作流程创新

1.业务财务融合一体化流程

数字化转型打破了业务与财务之间的壁垒，实现了业务财务融合的一体化流程。业务部门在开展经济活动时，将相关数据实时传递到财务系统，财务人员能够同步了解业务进展，并根据业务规则进行实时的财务处理和监控。例如，在从立项、执行到验收的项目管理全过程中，业务数据与财务数据紧密关联，财务人员可以实时掌握项目成本、预算执行情况等信息，及时发现问题并提供决策支持。这种一体化流程不仅提高了工作效率，还增强了财务对业务的管控能力，促进了组织运营的协同性。

2.自动化审批流程

传统的审批流程往往需要人工传递纸质文件，审批周期长且容易出现延误。数字化转型实现了审批流程的自动化，通过工作流管理系统，审批请求可以按照预设的规则自动流转到相关审批人员手中。审批人员可以在系统中快速查看审批事项的详细信息，进行在线审批。同时，系统能够记录审批过程中的各个环节和意见，便于后期追溯和查询。自动化审批流程大大提高了审批效率，减少了人为因素的干扰，提高了审批的公正性和规范性。

3.智能报销流程

智能报销系统是数字化转型在会计实践中的又一创新应用。员工在报销时，只需将电子发票等报销凭证上传至系统，系统通过光学字符识别（OCR）技术自动识别发票信息，并与报销标准进行比对。对于符合要求的报销申请，系统自动完成审批、付款等流程。智能报销流程不仅节省了员工的报销时间，减少了财务人员的审核工作量，还提高了报销的准确性和透明度，有效防范了虚假报销等风险。

（二）会计数据分析与决策支持创新

1.大数据分析在财务决策中的应用

在数字化时代，组织积累了海量的财务和业务数据，通过大数据分析技术，可以对这些数据进行深度挖掘和分析。例如，组织可以利用数据挖掘算法对历史财务数据和市场数据进行分析，预测未来的收入趋势、成本变化等，为预算编制和战略规划提供依据。同时，大数据分析系统通过对不同业务项目的投入产出分析，帮助管理层确定最优的资源配置方案。组织通过大数据分析还可以发现数据之间的潜在关联，为财务管理提供新的思路和方法。

2.可视化数据分析工具的应用

可视化数据分析工具将复杂的财务数据以直观的图表、图形等形式呈现出来，使财务信息更加易于理解和解读。管理层可以通过可视化界面实时查看关键财务指标的变化情况，快速掌握组织的财务状况。例如，管理层可以利用柱状图展示不同部门的费用支出情况，通过折线图分析收入的增长趋势等。可视化数据分析工具不仅提高了信息传递的效率，还便于管理层进行决策分析，及时发现问题并采取相应的措施。

3.人工智能技术在财务预测中的应用

人工智能技术，如机器学习、深度学习等，在财务预测领域发挥着越来越重要的作用。通过对大量历史数据的学习和训练，人工智能模型可以预测财务指标的未来走势，如预测应收账款的回收情况、资金需求等。与传统的预测方法相比，人工智能预测具有更高的准确性和适应性，能够更好地应对复杂多变的市场环境。这为组织的资金管理、风险防控等提供了有力的支持，帮助管理层作出更加科学合理的决策。

（三）会计服务模式创新

1.共享服务模式

共享服务模式是数字化转型背景下会计服务模式的重要创新。组织通过建立财务共享中心，将分散在不同部门或地区的重复性、标准化的会计业务集中处理，实现资源的共享和优化配置。例如，组织将费用报销、账务处理、报表编制等业务统一由共享中心进行处理，提高了工作效率和质量，降低了运营成本。同时，共享中心可以利用先进的技术手段，实现业务流程的自动化和标准化，提升服务的专业性和规范性。

2.个性化定制服务

数字化技术使得会计服务能够根据不同用户的需求提供个性化定制。例如，数字化技术为管理层提供具有战略决策支持功能的财务分析报告，为业务部门提供与业务紧密相关的成本分析、绩效评估等信息。数字化会计系统通过深入了解用户需求，利用数据分析和挖掘技术，为用户量身定制个性化的会计服务，满足不同用户在不同阶段的多样化需求，提高会计服务的价值和用户满意度。

3.在线实时服务

借助互联网技术，会计服务实现了在线实时化，用户可以通过网络随时随地获取财务信息、提交业务申请、咨询财务问题等。例如，通过建立在线财务咨询平台，用户可以实时与专业的会计人员进行沟通交流，获取及时的解决方案。在线实时服务打破了时间和空间的限制，提高了会计服务的便捷性和响应速度，为用户提供了更加优质的服务体验。

（四）会计风险管理创新

1.风险预警智能化

数字化转型使得会计风险管理能够实现智能化预警。组织通过建立风险预警模型，利用大数据分析技术对各类财务和业务数据进行实时监测与分析。当发现指标异常或出现风险迹象时，系统自动发出预警信号。例如，组织设置资产负债率、流动比率等风险指标的阈值，当指标超出阈值时，系统立即向相关人员发送预警信息，提醒其关注潜在的财务风险。智能化预警系统能够及时发现风险，为风险防控争取宝贵的时间。

2.风险评估定量化

传统的风险评估往往依赖主观判断和定性分析，准确性和可靠性相对较低。数字化技术为风险评估提供了更多的数据支持和科学方法，实现了风险评估的定量化。数据分析模型和算法对风险发生的可能性与影响程度进行量化评估，为风险决策提供更加客观准确的依据。例如，系统利用蒙特卡洛模拟等方法对投资项目的风险进行量化分析，帮助管理层确定合理的风险应对策略。

3.风险应对动态化

随着数字化进程的推进，风险的变化速度加快，传统的静态风险应对策略难以满足现实需求。数字化转型促使风险应对向动态化转变，组织应当根据风险的实时监测和评估结果，及时调整风险应对措施。例如，当市场环境发生变化导致某项业务的风险增加时，组织应当迅速调整业务策略、加强内部控制等，以适应风险的动态变化，有效降低风险损失。

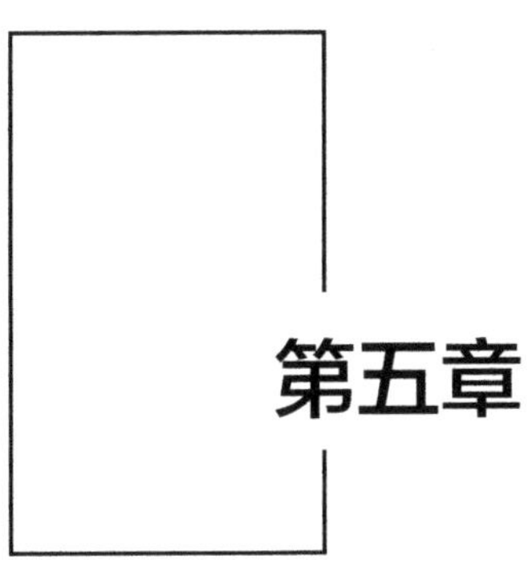

第五章

经济管理中的财务管理基础

第一节 财务管理的基本概念与目标

一、财务管理的基本概念

（一）财务活动相关概念

1.资金筹集

资金筹集是组织为了满足自身发展和运营的需要，通过各种渠道和方式获取资金的过程。这是财务管理的起点，其渠道多种多样：向金融机构借款是一种常见的债务融资方式，组织能在短期内筹集到大量资金，但需要按时偿还本金和利息；发行债券也是一种债务融资方式，其特点是可以面向社会公众筹集资金，通常有固定的利率和偿还期限；组织还可以通过吸引投资者投资来筹集资金，这属于权益融资，如引入战略投资者，他们不仅能提供资金，还能带来先进的技术、管理经验和市场资源。在筹集资金时，组织需要综合考虑成本、风险、资金使用期限等因素，选择最适合自身的筹资方式和筹资规模。

2.资金投放

资金投放是指组织将筹集到的资金投入到各种资产和项目中，以获取收益的过程。资金投放的方向直接影响着组织的发展和盈利能力。例如，组织可以将资金投入到固定资产购置，如购买设备、建造厂房等，这些固定资产能够为组织的生产经营提供长期的支持；组织也可以投资于流动资产，如存货、应收账款等，以保证日常经营活动的顺利进行。

3.资金运营

资金运营涉及组织日常经营活动中资金的周转和运用。在这一过程中，组织要合理安排资金的使用，确保资金的流动性和安全性，同时提高资金的使用效率。例如，组织要控制存货的数量，避免过多的资金积压在存货上，导致资金周转困难；组织要加强应收账款的管理，及时催收账款，减少坏账损失；组织还要合理安排应付账款的支付时间，利用商业信用延长资金的使用期限。此外，组织还需要通过优化业务流程、提高生产效率等方式，降低运营成本，增加资金的增值能力。

4.资金分配

资金分配是指组织在一定时期内对所实现的利润进行分配的过程。资金分配关系到组织各利益相关者的利益，包括股东、员工、债权人等。合理的资金分配政策既能满足股东的投资回报需求，又能为组织的未来发展保留足够的资金。常见的资金分配方式有发放现金股利、股票股利等。现金股利能够直接给股东带来实际的收益，增强股东对组织的信心；股票股利则可以增加股东的持股数量，提高股东的权益比例。此外，组织还可以将一部分利润作为留存收益，用于自身的再投资和发展。

（二）财务关系相关概念

1.组织与投资者之间的关系

投资者向组织投入资金，成为组织的所有者或股东，享有对组织的剩余索取权和控制权。组织需要向投资者提供真实、准确的财务信息，保障投资者的知情权，同时按照约定向投资者分配利润，实现投资者的投资回报。投资者则通过参与组织的重大决策、监督管理层的经营活动等方式，影响组织的发展方向和经营决策。

2.组织与债权人之间的关系

债权人向组织提供资金，形成组织的债务。组织需要按照借款合同的约定，按时偿还本金和利息，维护债权人的利益。债权人则有权监督组织的财务状况和资金使用情况，以确保自身的债权安全。组织如果不能按时偿还债务，可能会面临信用风险和财务危机，影响自身的声誉和未来的融资能力。

3.组织与供应商之间的关系

供应商为组织提供原材料、商品或服务，组织则需要按照合同约定支付货款。良好的供应商关系对于组织的生产经营十分重要，组织可以通过与供应商建立长期稳定的合作关系，争取更有利的采购价格、付款条件和交货期限，降低采购成本和运营风险。

4.组织与客户之间的关系

客户是组织的产品或服务的购买者，组织需要向客户提供优质的产品和服务，满足客户的需求，以实现销售收入和利润的增长。同时，组织还需要关注客户的信用状况，合理控制应收账款的规模和风险，确保货款的及时回收。

5.组织内部各部门之间的关系

财务管理贯穿于组织的各个部门，各部门之间存在着密切的财务关系。例如，生产部门需要采购部门提供原材料，采购部门的采购成本会影响到生产部门的生产成本；销售部门的销售收入会影响到财务部门的资金流入和利润计算；研发部门的研发投入会影响组织的未来发展和盈利能力。因此，组织需要加强内部各部门之间的沟通和协调，实现资源的优化配置和整体利益的最大化。

（三）财务报表相关概念

1.资产负债表

资产负债表是反映组织在某一特定日期财务状况的报表，它展示了组织的资产、负债和所有者权益的情况。资产是由组织拥有或控制的、预期会给组织带来经济利益的资源，包括流动资产和非流动资产；负债是组织过去的交易或事项形成的、预期会导致经济利益流出组织的现时义务，分为流动负债和非流动负债；所有者权益是组织资产扣除负债后由所有者享有的剩余权益，包括实收资本、资本公积、盈余公积和未分配利润。组织通过资产负债表，可以了解自身的资产规模、负债水平、偿债能力和所有者权益结构等信息。

2.利润表

利润表是反映组织在一定会计期间经营成果的报表，它展示了组织的收入、费用和利润的情况。收入是组织在日常活动中形成的、会导致所有者权益增加的、与所有者投入资本无关的经济利益的总流入；费用是组织在日常活动中发生的、会导致所有者权益减少的、与向所有者分配利润无关的经济利益的总流出；利润是组织在一定会计期间的经营成果，包括营业利润、利润总额和净利润。组织通过利润表，可以了解自身的盈利能力、经营效率和成本控制情况等信息。

3.现金流量表

现金流量表是反映组织在一定会计期间现金和现金等价物流入与流出的报表，它展示了组织的经营活动、投资活动和筹资活动产生的现金流量情况。经营活动现金流量反映了组织在日常经营活动中产生的现金流入和流出；投资活动现金流量反映了组织在投资活动中产生的现金流入和流出，如购置固定资产、对外投资等；筹资活动现金流量反映了组织在筹资活动中产生的现金流入和流出，如发行股票、债券，偿还债务等。组织通过现金流量表，可以了解自身的现金来源和用途，评估自身的现金创造能力和偿债能力。

（四）财务分析相关概念

1.偿债能力分析

偿债能力分析是指通过计算和分析组织的各项偿债能力指标，评估组织偿还债务的能力。偿债能力指标包括短期偿债能力指标和长期偿债能力指标。短期偿债能力指标主要有流动比率、速动比率等。流动比率可由流动资产除以流动负债得到，它反映了组织在短期内偿还流动负债的能力；速动比率是速动资产与流动负债的比值，速动资产是指流动资产中变现能力较强的资产，如现金、应收账款等，速动比率更能反映组织在短期内的实际偿债能力。长期偿债能力指标主要有资产负债率、利息保障倍数等。资产负债率通过负债总额除以资产总额来计算，它反映了组织的长期偿债能力和财务风险；利息保障倍数是息税前利润与利息费用的比值，它反映了组织支付利息的能力。

2.盈利能力分析

盈利能力分析是指通过计算和分析组织的各项盈利能力指标，评估组织获取利润的能力。盈利能力指标包括毛利率、净利率、净资产收益率等。毛利率是毛利与销售收入的比值，毛利是销售收入减去销售成本后的余额，毛利率反映了组织产品或服务的盈利能力；净利率是净利润与销售收入的比值，它反映了组织在扣除所有成本和费用后的盈利能力；净资产收益率可通过净利润除以平均净资产来计算，它反映了组织运用净资产获取利润的能力。

3.营运能力分析

营运能力分析是指通过计算和分析组织的各项营运能力指标，评估组织资产的运营效率和管理水平。营运能力指标包括应收账款周转率、存货周转率、总资产周转率等。应收账款周转率是销售收入与平均应收账款余额的比值，它反映了组织应收账款的回收速度和管理效率；存货周转率是销售成本与平均存货余额的比值，它反映了组织存货的周转速度和管理水平；总资产周转率是销售收入与平均总资产的比值，它反映了组织总资产的运营效率和利用程度。

（五）财务决策相关概念

1.融资决策

融资决策是指组织在对各种融资渠道和融资方式进行评估与分析的基础上，选择最优融资方案的过程。融资决策需要考虑融资成本、融资风险、资金使用期限等因素。常见的融资渠道有银行贷款、发行债券、发行股票等。不同的融资渠道和融资方式具有不同的特点与优缺点，组织需要根据实际情况，选择最适合自己的融资方案。

2.利润分配决策

利润分配决策是指组织在对自身的盈利状况和发展战略进行评估与分析的基础上，确定利润分配政策的过程。利润分配决策需要考虑股东的利益、组织的发展需要、市场环境等因素。常见的利润分配政策有剩余股利政策、固定股利政策、固定股利支付率政策和低正常股利加额外股利政策等。不同的利润分配政策对组织的股东财富和市场价值产生不同的影响，组织需结合实际情况，选择最适合自己的利润分配政策。①

① 陈莹莹.全面预算管理在财务管理工作中的多维应用研究[J].广东经济,2024(24):58-60.

二、财务管理的目标

（一）总体目标

1.核心使命：追求组织价值最大化

在经济管理领域，财务管理的核心使命在于凭借合理的资源配置策略与高效的财务决策，实现组织价值的最大化。这一目标并非单纯聚焦于利润数额的最大化，而是构建在一个更为全面且系统的架构之上，涵盖风险管理、流动性保障和组织长期可持续发展的稳固基石。

2.实现途径

从资源配置视角而言，组织犹如一个庞大的机器，各类资源是其运转的零部件。财务管理需要精准判断在不同发展阶段、不同业务板块中，资源的最佳投放点。例如，在新兴业务拓展初期，该业务尽管在短期内无法带来显著利润，但从长远来看，具有较大的市场潜力，组织在此时就需要调配充足的资金、人力等资源予以支持。组织通过这种科学的资源配置，能让各项业务协同发展，形成强大的合力，提升整体竞争力，进而推动组织价值的提升。

有效的财务决策则是实现这一目标的关键驱动力。以投资决策为例，面对众多投资项目，财务管理团队需要综合考量市场趋势、技术可行性、法律政策环境等多方面因素，挑选出与组织战略契合且具有高回报率的项目。同时，在筹资决策中，财务管理团队要权衡债务融资与股权融资的利弊，在满足资金需求的同时，优化资本结构，降低财务风险。

3.重要支撑

在追求组织价值最大化的过程中，风险管理不可或缺。市场环境瞬息万变，组织面临着诸如市场风险、信用风险、操作风险等各类风险。若对这些风险缺乏有效的识别、评估与应对措施，仅一次重大风险事件便可能使组织陷入困境。例如，在金融市场波动剧烈时，若组织持有大量高风险金融资产且未进行有效的风险对冲，可能导致资产价值大幅缩水。因此，财务管理团队需建立完善的风险管理体系，通过风险分散、风险规避、风险转移等手段，将风险控制在可承受范围内。

流动性维护同样至关重要。保持充足的流动性意味着组织在面临突发资金需求时，能够迅速调配资金，确保日常运营不受影响。例如，在季节性销售旺季来临前，组织需要储备足够的资金用于原材料采购和生产扩张，以应对旺季业务量的增长。倘若资金流动性不足，组织可能错失业务发展良机，甚至导致供应链断裂等严重后果。

确保组织长期可持续发展是财务管理总体目标的核心要义。这要求财务管理团队不仅要关注短期的财务指标，更要着眼于组织的长远战略规划。组织要通过持续的创新投入、人才培养、品牌建设等举措，提升自身的核心竞争力，为长期发展奠定坚实基础。例如，组织要加大对研发的投入，开发出具有创新性的产品或服务，在市场中占据领先地位，实现长期稳定盈利。

（二）具体目标

1.筹资管理目标

在满足组织资金需求这一基本前提下，筹资管理的核心任务是双管齐下，降低筹资成本与筹资风险。组织的发展战略犹如航海图，明确了组织的前行方向，而资金需求计划则是航程中的物资清单。依据这些，组织可在众多筹资渠道与方式中作出精准选择。

筹资渠道丰富多样，常见的有银行借款、发行债券、股权融资等。银行借款手续相对简便，资金获取速度较快，但借款额度可能受限，且组织需按照约定利率支付利息。发行债券能够使组织筹集到大规模资金，且债券利息在一定程度上具有抵税作用，可降低实际筹资成本。然而，发行债券需要满足严格的条件，且组织在债券到期时需足额偿还本金和利息，倘若经营不善，可能面临较大的偿债压力。股权融资则可引入战略投资者，他们不仅能带来资金，还能为组织注入先进的管理经验和丰富的市场资源，但股权的稀释可能会影响现有股东对组织的控制权。

优化资本结构是降低筹资成本和风险的关键环节。合理的资本结构能使组织在风险可控的前提下，充分利用财务杠杆效应，提升盈利能力。例如，组织若过度依赖债务融资，在经营良好时可通过财务杠杆大幅提高利润，一旦市场环境恶化，经营收益无法覆盖债务利息，便可能陷入财务困境。因此，组织需要根据自身的经营状况、行业特点等因素，动态调整债务资本与权益资本的比例。

同时，筹资时间和还款计划的合理安排也不容忽视。若筹资时间不当，组织可能在市场利率较高时筹集资金，增加筹资成本。而还款计划不合理，如还款期限过于集中，则可能导致组织在特定时期面临巨大的资金压力。比如，某组织在一年内集中到期多笔大额债务，而此时恰逢市场需求下滑，销售收入减少，资金链便有断裂风险。所以，组织要结合自身的现金流状况，制订科学的还款计划，确保资金的平稳周转。

2.投资管理目标

投资管理的核心目标在于通过科学合理的投资决策，在提高投资回报率的同时，有效降低投资风险。这需要组织对各类投资项目展开全方位、深层次的评估与分析。

在项目可行性评估方面，组织要从技术、市场、财务等多个维度进行考量。技术可行性关乎项目能否顺利实施，若项目所依赖的技术不成熟或存在重大技术瓶颈，即使市场前景广阔，组织也可能面临失败风险。市场可行性评估则要求组织分析市场需求规模、增长趋势、竞争态势等因素。例如，某新兴行业产品虽技术先进，但市场需求尚未完全培育起来，短期内难以实现盈利，这样的项目投资就需谨慎。财务可行性主要评估项目的投资成本、收益预测、资金回收期等财务指标，确保项目在经济上具有可行性。

盈利能力是投资项目选择的重要考量因素，可通过内部收益率（IRR）、净现值（NPV）等指标来衡量。内部收益率是使项目净现值为零时的折现率，若IRR大于组织的必要收益率，则表明项目具有投资价值。净现值则是将项目未来各期的现金流量按照一定的折现率折现到当前的价值总和，NPV大于零的项目通常被认为能够为组织创造价值。

风险水平评估同样关键。不同的投资项目面临的风险各异，如市场风险、政策风险、技术风险等。对于高风险项目，组织需要采取相应的风险应对措施。例如，在投资海外项目时，组织可能面临汇率波动、政治局势不稳定等风险，组织可通过套期保值、购买政治风险保险等方式降低风险。

为进一步降低风险，投资多元化策略至关重要。将资金分散投资于不同行业、不同类型的项目，能够有效避免因单一项目失败而给组织带来的毁灭性打击。例如，某组织除了投资于传统制造业项目外，还涉足新兴的科技领域项目和稳健的基础设施项目，通过多元化投资，平衡了风险与收益。

3.营运资金管理目标

营运资金管理的核心在于维持组织资金的流动性与安全性，同时不断提升资金的周转速度和使用效率。这需要组织精心规划流动资产与流动负债的比例关系。

流动资产作为组织日常运营的“血液”，其合理配置也很重要。以存货管理为例，存货过多会占用大量资金，增加仓储成本，且可能使组织面临存货跌价风险；存货过少则可能导致缺货，影响销售和客户满意度。因此，组织需要通过科学的库存管理方法，如经济订货量模型（EOQ），确定合理的存货水平。

应收账款管理直接关系到资金的回笼速度。若应收账款回收不及时，会导致资金被客户长期占用，降低资金使用效率。组织可通过建立客户信用评估体系，对客户的信用状况进行分级管理，针对不同信用等级的客户制定差异化的信用政策，如信用期限、信用额度等。同时，组织应当加强应收账款的催收工作，运用法律手段维护自身权益，确保资金及时足额收回。

流动负债的规模和期限控制也不容忽视。适度的流动负债能够使组织利用商业信用，降低资金成本，但过高的流动负债规模或不合理的期限结构可能引发短期偿债风险。例如，若组织大量采用短期借款来满足长期资金需求，一旦短期借款集中到期，而此时的资金回笼不畅，组织就可能陷入偿债困境。因此，组织要根据自身的经营特点和现金流状况，合理安排流动负债的规模和期限。

提高资金周转速度是营运资金管理的重要目标。组织通过优化业务流程，减少不必要的环节和等待时间，能够加快资金的周转速度。例如，组织可以在生产环节采用精益生产理念，缩短生产周期；可以在销售环节优化供应链管理，实现快速交付，这些措施都有助于提高资金周转速度。

4.成本管理目标

成本管理旨在通过有效的成本控制与优化措施，降低组织的运营成本，进而提升经济效益。这要求组织首先建立健全完善的成本管理制度。

成本核算作为成本管理的基础环节，要求组织准确记录和分类各项成本费用。组织通过作业成本法等先进的成本核算方法，能够更精准地将成本分摊到各个产品或服务中，为成本分析和控制提供可靠依据。例如，在制造业中，组织通过作业成本法可以清晰地了解到每个生产环节的成本构成，找出成本高的环节进行重点分析。

成本分析则是在成本核算的基础上，深入剖析成本变动的原因和影响因素。组织可以通过比较分析、趋势分析等方法，找出成本控制的关键点和薄弱环节。

针对成本控制的关键点，组织应当采取有效的措施降低成本。在采购环节，组织可以通过与供应商谈判，争取更优惠的采购价格，优化采购批量，建立长期稳定的合作关系，从而降低采购成本。在生产环节，组织可以通过技术创新，采用新的生产工艺和设备，提高生产效率，降低单位产品的生产成本。

管理创新也是降低成本的重要途径。组织可以通过优化组织架构、简化管理流程、提高员工工作效率等方式，降低管理成本。例如，组织可以采用扁平化的组织架构，减少管理层级，提高信息传递速度和决策效率。

5.收入与分配管理目标

合理确定收入分配政策是实现组织长期发展的关键环节，组织需要兼顾自身利益与各相关者利益。盈利水平是组织制定收入分配政策的重要依据。在盈利状况良好时，组织有更多的资金用于分配；而在盈利不佳时，组织需要谨慎制定分配政策，确保自身有足够的资金维持运营和发展。同时，发展战略也对收入分配政策产生重要影响。若组织处于快速扩张阶段，需要大量资金用于投资新项目和拓展市场，组织在此时可能会减少现金股利的发放，将更多利润留存用于内部发展。

在股东利益方面，现金股利是股东获得投资回报的重要方式之一。稳定且适度的现金股利发放，能够增强股东对组织的信心，提升组织在资本市场的形象。股票股利也可在一定程度上提升股东的权益。例如，某上市公司连续多年保持稳定的现金股利发放，并在适当的时候发放股票股利，吸引了大量投资者，股价也保持相对稳定增长。

员工是组织发展的核心力量，员工福利的合理安排对于留住人才、激发员工积极性至关重要。组织可以通过设立绩效奖金、股权激励等方式，将员工的利益与组织的发展紧密结合。

为组织未来发展保留足够资金同样重要。留存收益可以用于研发投入、设备更新、市场拓展等方面，为组织的持续发展提供资金支持。

三、财务管理目标与社会责任

（一）财务管理目标与社会责任的紧密关联

在经济管理的大框架下，财务管理目标的达成绝非仅关乎组织自身的盈利与发展，它与社会责任有着千丝万缕的联系。组织并非孤立存在，而是社会体系中不可或缺的一环，因此天然背负着相应的社会责任。其中涵盖了多个关键领域，如环境保护、员工权益维护和社会公益事业支持等。

从宏观层面看，组织的运营活动对社会产生着广泛影响。以环境保护为例，许多组织在生产过程中会消耗大量资源并产生废弃物。组织若一味追求经济利益最大化，忽视环境保护，随意排放污染物，将对生态环境造成严重破坏，进而影响社会的可持续发展。这不仅与社会责任背道而驰，且从长远来看，也会对组织自身的生存与发展构成威胁。

（二）履行社会责任的具体方式与积极意义

1.环境保护方面

组织可以通过多种方式践行环保责任。投资环保项目是一种直接有效的手段，如建设污水处理设施、采用清洁能源等。此外，采用环保技术也是关键。例如，节能减排技术可降低能源消耗和污染物排放。这不仅有助于改善环境质量，从经济角度看，长此以往能降低运营成本。同时，良好的环保形象能提升组织的品牌价值，吸引更多注重环保的消费者，从而增强市场竞争力。

2.员工权益维护方面

员工是组织发展的核心驱动力。提高员工工资是保障员工基本生活需求、体现组织对员工价值认可的重要方式。改善员工工作环境同样不可忽视，舒适、安全的工作场所能显著提高员工的工作效率和满意度。组织为员工提供职业发展机会，如培训课程、晋升渠道等，可增强员工的归属感和忠诚度。例如，某科技公司定期组织内部培训，鼓励员工参加外部进修，并为表现优秀的员工提供晋升机会，员工流失率明显降低，团队凝聚力和创新能力大幅提升，为公司带来了更多的经济效益。

3.社会公益事业支持方面

组织可通过捐赠资金、物资或提供志愿服务等形式支持社会公益事业。在教育领域，组织捐赠资金用于贫困地区学校建设、设立奖学金等，能帮助更多学生获得优质教育资源。在医疗领域，组织捐赠医疗设备和物资，能改善医疗条件，提高医疗服务水平。通过积极参与公益事业，组织能够树立良好的社会形象和声誉，赢得社会各界的认可和支持。这有助于吸引更多的客户和合作伙伴，为组织的长期发展创造有利的社会环境。

第二节　财务报表分析与解读

在经济管理的复杂体系中，财务报表如同组织的“体检报告”，全面且细致地反映了组织的财务状况、经营成果和现金流量情况。管理者通过对财务报表的深入分析与解读，能够挖掘丰富的信息，为组织决策制定、战略规划和绩效评估提供坚实的依据。下面将从多个层面详细阐述财务报表分析与解读的要点及意义。

一、财务报表的构成

财务报表主要由资产负债表、利润表和现金流量表构成，它们相互关联、相辅相成，共同描绘出组织财务状况的全貌。

（一）资产负债表

资产负债表遵循“资产=负债+所有者权益”这一基本会计等式，呈现组织在某一特定日期的财务状况。其中，货币资金、应收账款、存货等流动资产，凭借较强的流动性，能在短期内转化为现金或用于偿还债务；而固定资产、无形资产、长期投资等非流动资产，则是组织长期运营的重要支撑。它们均为组织所掌控，预期会给组织带来经济利益。

短期借款、应付账款等属于组织在短期内需偿还的流动负债；长期借款、应付债券等偿还期限较长的，则归为非流动负债。这些皆是因组织过去的交易或事项形成，预期会导致经济利益流出组织的现时义务。

至于实收资本、资本公积、盈余公积和未分配利润等，它们反映了所有者对组织的投入和组织在经营过程中积累的成果，构成了组织资产扣除负债后所有者享有的剩余权益——所有者权益。

（二）利润表

利润表展示了组织的收入、费用和利润的计算过程。收入是组织在日常活动中形成的、会导致所有者权益增加的、与所有者投入资本无关的经济利益的总流入，如销售商品收入、提供劳务收入等。费用是组织在日常活动中发生的、会导致所有者权益减少的、与向所有者分配利润无关的经济利益的总流出，包括营业成本、销售费用、管理费用、财务费用等。从计算角度看，利润为收入减去费用后的净额，再加上直接计入当期利润的利得和损失后的金额。通过呈现组织的盈利情况，此表单能助力利益相关者知晓组织的经营效益和盈利能力。

（三）现金流量表

现金流量表将组织的现金流量分为经营活动现金流量、投资活动现金流量和筹资活动现金流量。经营活动现金流量是指组织在日常经营活动中产生的现金流入和流出，如销售商品、提供劳务收到的现金，购买商品、接受劳务支付的现金等，它反映了组织经营活动的现金创造能力。投资活动现金流量是指组织在投资活动中产生的现金流入和流出，如购置固定资产、无形资产支付的现金，取得投资收益收到的现金等，它反映了组织的投资活动对现金流量的影响。筹资活动现金流量是指组织在筹资活动中产生的现金流入和流出，如吸收投资收到的现金，偿还债务支付的现金等，它反映了组织的筹资活动对现金流量的影响。现金流量表能够提供关于组织现金来源和用途的信息，有助于利益相关者评估组织的偿债能力、支付能力和资金周转能力。

二、资产负债表分析

（一）资产结构分析

1.流动资产与非流动资产的比例

流动资产占比较高，表明组织的资产流动性较强，短期偿债能力较好，但也意味着组织对长期资产的投资不足，影响未来的发展潜力；非流动资产占比较高，则说明组织更注重长期发展，固定资产和长期投资较多，但也意味着组织面临资产流动性不足的风险。例如，某组织流动资产占总资产的60%，非流动资产占总资产的40%，这表明该组织在保证资产流动性的同时，积极布局长期资产，以支持未来的业务拓展。

2.各类流动资产的构成

流动资产包括货币资金、应收账款、存货等。货币资金是组织流动性最强的资产，其充足程度反映了组织的即时支付能力和资金储备情况。应收账款的规模和质量直接影响组织的资金回笼速度与坏账风险。存货的管理水平则关系到组织的生产运营效率和成本控制。若某组织的应收账款占流动资产的比例过高，则意味着销售回款存在问题，该组织需要加强应收账款的管理；若存货占比过大，则意味着该组织存在存货积压的风险，可能导致资金占用成本增加和存货跌价损失。

（二）负债结构分析

1.流动负债与非流动负债的比例

流动负债占比较高，说明组织在短期内面临较大的偿债压力，需要有稳定的现金流来保障债务的偿还；非流动负债占比较高，则表明组织的长期资金来源相对稳定，但长期偿债压力较大。例如，某组织的流动负债占总负债的70%，非流动负债占总负债的30%，这意味着该组织在短期内需要偿还大量债务，对资金流动性和短期偿债能力提出了较高要求。

2.各类负债的构成

负债包括短期借款、应付账款、长期借款、应付债券等。短期借款主要用于满足组织的短期资金需求，其利率和还款期限对组织的资金成本与财务风险有重要影响。应付账款反映了组织与供应商之间的信用关系，合理的应付账款管理可以为组织争取更多的商业信用。长期借款和应付债券是组织筹集长期资金的重要方式，其金额和利率水平决定了组织的长期资金成本与偿债压力。若某组织的短期借款余额较大且利率较高，则可能会增加该组织的财务费用，降低该组织的盈利能力；若应付账款账期过长，则可能会影响该组织与供应商的合作关系。

（三）所有者权益分析

1.股本与留存收益的比例

股本是所有者投入组织的原始资本，反映了组织的初始规模和股东的出资情况。留存收益是组织在经营过程中积累的利润，包括盈余公积和未分配利润，它体现了组织的盈利能力和自我积累能力。若留存收益占所有者权益的比例较高，说明组织通过自身经营积累了较多的财富，具有较强的发展后劲；若股本占比较大，而留存收益较少，则意味着组织的盈利能力较弱，或者处于发展初期，尚未实现盈利积累。例如，某组织的股本占所有者权益的40%，留存收益占所有者权益的60%，这表明该组织在经营过程中取得了较好的盈利成果，并且将大部分利润留存用于组织的发展。

2.资本公积的来源与用途

资本公积是指由投资者投入但不能构成股本或实收资本的资金部分，以及直接计入所有者权益的利得和损失等。资本公积的来源主要包括资本溢价、接受捐赠、资产评估增值等。资本公积可以用于转增股本，增加组织的注册资本，但不能用于弥补亏损。分析资本公积的来源和用途，有助于利益相关者了解组织的资本运作情况和股东权益的变化。例如，某组织通过资产重组获得了一笔较大的资本公积，这可能为其未来的资本扩张和业务发展提供资金支持。

三、利润表分析

（一）收入分析

组织的收入包括主营业务收入和其他业务收入。主营业务收入是组织核心业务产生的收入，其稳定性和增长趋势对组织的盈利能力至关重要。若主营业务收入占比较高且呈现稳定增长态势，说明组织的核心竞争力较强；若其他业务收入占比过大，且主营业务收入增长乏力，则意味着组织的业务结构不够合理，过度依赖非核心业务。

（二）成本费用分析

1.成本费用的构成与变动趋势

成本费用包括营业成本、销售费用、管理费用、财务费用等。营业成本是组织为生产和销售商品或提供劳务而发生的直接成本，其占比的高低直接影响组织的毛利率。销售费用和管理费用是组织在销售与管理过程中发生的间接费用，对其进行分析有助于利益相关者了解组织的运营效率和管理水平。财务费用主要包括利息支出、汇兑损益等，反映了组织的融资成本和资金运作情况。

2.成本费用的控制能力

利益相关者可以通过成本费用利润率等指标来评估组织对成本费用的控制能力。成本费用利润率是指利润总额与成本费用总额的比值，该指标越高，说明组织在成本费用控制方面做得越好，盈利能力越强。例如，某组织的成本费用利润率连续三年保持在20%以上，且高于行业平均水平，这表明该组织在成本控制和盈利能力方面表现出色。

（三）利润分析

1.利润的构成与质量

利润包括营业利润、投资收益、营业外收支等。营业利润是组织核心业务经营活动产生的利润，是利润的主要来源，其质量和稳定性对组织的盈利能力评估具有重要意义。投资收益反映了组织对外投资活动取得的收益情况，营业外收支则是与组织日常经营活动无直接关系的收支项目。若某组织的营业利润占利润总额的比例较高，且投资收益和营业外收支相对稳定，说明其利润质量较高，盈利能力具有可持续性；若投资收益或营业外收支对利润总额的影响较大，则意味着组织的利润来源不够稳定。①

2.利润的增长趋势与可持续性

利益相关者可以通过观察组织利润的增长趋势，分析其增长的驱动因素是来自业务拓展、成本控制还是其他因素。同时，利益相关者要考虑利润增长的可持续性，结合行业发展趋势、市场竞争环境等因素进行综合判断。

四、现金流量表分析

（一）经营活动现金流量分析

1.经营活动现金流入与流出的构成

对经营活动现金流入的构成分析主要包括经营活动现金流入中销售商品、提供劳务收到的现金，以及收到的税费返还、收到其他与经营活动有关的现金等项目的占比情况。销售商品、提供劳务收到的现金是经营活动现金流入的主要来源，其占比越高，说明组织的核心业务经营状况越好。对经营活动现金流出的构成分析主要包括经营活动现金流出中购买商品、接受劳务支付的现金，支付给职工和为职工支付的现金，支付的各项税费，支付其他与经营活动有关的现金等项目的占比情况。购买商品、接受劳务支付的现金是经营活动现金流出的主要部分，其变动情况反映了组织的采购和生产活动情况。例如，某组织销售商品、提供劳务收到的现金占经营活动现金流入的85%，购买商品、接受劳务支付的现金占经营活动现金流出的70%，这表明该组织的经营活动主要围绕核心业务展开，现金流入和流出结构较为合理。

① 蔚国锋.财务报表分析在投资决策中的应用[J].中国经贸导刊,2024(14):34-36.

2.经营活动现金流量净额的分析

经营活动现金流量净额等于经营活动现金流入减去经营活动现金流出后的余额，它反映了组织经营活动产生现金的能力。若经营活动现金流量净额为正数，且持续稳定增长，说明组织的经营活动具有较强的现金创造能力，能够为组织的发展提供坚实的资金支持；若经营活动现金流量净额为负数，则意味着组织的经营活动存在问题，如销售回款困难、成本费用过高或存货积压等，组织需要进一步分析原因并采取措施加以改善。

（二）投资活动现金流量分析

1.投资活动现金流入与流出的构成

对投资活动现金流入与流出的构成分析主要包括投资活动现金流入中收回投资收到的现金，取得投资收益收到的现金，处置固定资产、无形资产和其他长期资产收回的现金净额，处置子公司及其他营业单位收到的现金净额等项目的占比情况；投资活动现金流出中购建固定资产、无形资产和其他长期资产支付的现金，投资支付的现金，取得子公司及其他营业单位支付的现金净额等项目的占比情况。例如，某组织的投资活动现金流入主要源自取得投资收益收到的现金，而投资活动现金流出主要用于购建固定资产和无形资产，这表明该组织在对外投资取得收益的同时，积极进行内部资产的更新和扩张。

2.投资活动现金流量对组织发展的影响

投资活动现金流量反映了组织的投资战略和发展方向。大规模的固定资产投资预示着组织正在扩大生产规模、提升生产能力，以满足未来市场需求；而对外投资的增加则意味着组织在寻求新的业务增长点或进行战略布局。但投资活动也伴随着风险，若投资决策失误，则可能导致资金浪费和资产损失。因此，组织需要结合自身的战略目标和经营状况，对投资活动现金流量进行综合分析，评估其对自身发展的影响。

（三）筹资活动现金流量分析

1.筹资活动现金流入与流出的构成

对筹资活动现金流入与流出的构成分析主要包括筹资活动现金流入中吸收投资收到的现金，取得借款收到的现金，收到其他与筹资活动有关的现金等项目的占比情况；筹资活动现金流出中偿还债务支付的现金，分配股利、利润或偿付利息支付的现金，支付其他与筹资活动有关的现金等项目的占比情况。例如，某组织的筹资活动现金流入主要依靠取得借款收到的现金，而筹资活动现金流出中偿还债务支付的现金和分配股利、利润或偿付利息支付的现金占比较大，这表明该组织的资金来源主要依赖债务融资，且面临较大的偿债压力和财务费用负担。

2.筹资活动现金流量与组织财务状况的关系

筹资活动现金流量反映了组织的融资策略和财务风险状况。合理的筹资活动能够为组织提供必要的资金支持，促进组织的发展，但过度依赖债务融资或不合理的筹资结构可能会增加组织的财务风险。例如，若某组织的资产负债率过高，且筹资活动现金流入仍以债务融资为主，则会导致财务风险进一步加大，偿债能力下降。因此，组织需要根据自身的资产负债状况、盈利能力和发展需求，合理安排筹资活动，优化筹资结构。

五、财务比率分析

（一）偿债能力分析

1.短期偿债能力指标

（1）流动比率

流动比率=流动资产÷流动负债，它反映了组织用流动资产偿还流动负债的能力。一般认为，流动比率保持在2左右较为合适，表明组织具有较强的短期偿债能力。但不同行业的流动比率标准可能存在差异，组织需要结合行业特点进行科学分析。例如，某组织的流动比率为1.8，虽然略低于一般标准，但在其所在行业中处于合理水平，说明该组织的短期偿债能力尚可。

（2）速动比率

速动比率=（流动资产-存货）÷流动负债，它是对流动比率的补充，更能准确地反映组织的短期偿债能力。因为存货的变现能力相对较弱，将其从流动资产中扣除后，速动比率能更直观地反映组织能够立即用于偿还流动负债的资产情况。

（3）现金比率

现金比率=（货币资金+交易性金融资产）÷流动负债，它反映了组织的即时偿债能力。现金比率越高，说明组织的现金储备越充足，短期偿债能力越强。但现金比率过高则意味着组织资金闲置，组织未能充分发挥资金的使用效率。例如，某组织的现金比率为0.5，说明该组织在短期内有一定的现金支付能力，且现金储备较为适度。

2.长期偿债能力指标

（1）资产负债率

资产负债率=负债总额÷资产总额，它反映了组织的负债水平和长期偿债能力。资产负债率越低，说明组织的长期偿债能力越强，财务风险越小；资产负债率越高，说明组织的长期偿债能力越弱，财务风险越大。

（2）产权比率

产权比率=负债总额÷所有者权益总额，它反映了组织负债与所有者权益的比例关系，体现了组织的财务结构和偿债能力。产权比率越低，债务负担越轻，财务结构越稳健。一般来说，产权比率为1时较为理想，意味着负债与所有者权益相当，组织的偿债能力和财务杠杆利用较为平衡。然而，行业特性会极大影响这一指标的合理范围。例如，重资产行业由于前期固定资产投入巨大，往往需要较多债务融资，产权比率可能相对较高；而轻资产行业对固定资产依赖度低，产权比率则相对较低。

（3）利息保障倍数

利息保障倍数=息税前利润÷利息费用，该指标用于衡量组织支付利息的能力。息税前利润是指未扣除利息费用和所得税费用前的利润，利息费用包括本期发生的全部应付利息，不仅包括财务费用中的利息费用，还包括计入固定资产成本的资本化利息。利息保障倍数越高，表明组织支付利息的能力越强，债权人的利益越有保障。通常认为，利息保障倍数至少应大于1，否则组织将面临严重的偿债风险。例如，某组织的利息保障倍数为3，这意味着息税前利润是利息费用的3倍，该组织具有较强的付息能力，债权人无须过度担忧利息支付问题。

（二）营运能力分析

1.应收账款周转率

应收账款周转率=营业收入÷平均应收账款余额，平均应收账款余额=（期初应收账款+期末应收账款）÷2。该指标反映了组织收回应收账款的速度，数值越高，表明组织收账速度越快，平均收账期越短，坏账损失越少，资产流动越快，偿债能力越强。

2.存货周转率

存货周转率=营业成本÷平均存货余额，平均存货余额=（期初存货+期末存货）÷2。存货周转率用于衡量组织存货管理水平，反映存货的周转速度。该比率数值越高，存货占用资金越少，存货积压风险越低，存货转化为销售收入的速度越快。

3.总资产周转率

总资产周转率=营业收入÷平均资产总额，平均资产总额=（期初资产总额+期末资产总额）÷2。该指标综合反映了组织全部资产的经营质量和利用效率。总资产周转率越高，表明组织资产运营效率越高，资产周转速度越快。

六、财务报表分析的局限性及应对措施

（一）局限性

1.会计政策和估计的影响

不同组织可能采用不同的会计政策和会计估计方法，如固定资产折旧方法、存货计价方法等，这会导致财务报表数据缺乏可比性。例如，某组织采用直线法

计提折旧，另一组织采用加速折旧法，在相同资产规模和使用年限的情况下，两者的折旧费用不同，进而影响利润和资产账面价值，使得财务分析结果存在偏差。

2.财务报表的历史性

财务报表反映的是过去某一时期或某一时点的财务状况和经营成果，无法反映组织未来的发展趋势和潜在风险。例如，某新兴科技机构在研发方面投入巨大，但研发成果尚未在当前财务报表中体现为显著的经济效益，单纯基于历史财务报表分析可能低估其未来发展潜力。

3.非财务信息的缺失

财务报表主要提供财务数据，而组织的很多重要信息，如市场份额、客户满意度、员工素质、技术创新能力等非财务信息并未在报表中体现。这些非财务信息对于全面评估组织的竞争力和发展前景至关重要。例如，某组织虽然财务指标表现良好，但市场份额持续下降，若仅依据财务报表分析，则管理者无法及时发现其面临的市场竞争危机。

（二）应对措施

1.深入了解会计政策和估计

在进行财务报表分析前，管理者应充分了解组织所采用的会计政策和估计方法，并与同行业其他组织进行对比分析。若存在重大差异，管理者应进行适当调整，以增强数据的可比性。例如，对于采用不同折旧方法的组织，管理者可以根据行业普遍采用的方法对财务数据进行重新计算和调整，使分析结果更具参考价值。

2.结合前瞻性信息

除了分析历史财务报表数据，管理者还应关注组织的战略规划、行业发展趋势、市场动态等前瞻性信息。通过对这些信息的综合分析，管理者能够更准确地预测组织未来的发展趋势和潜在风险。

3.收集非财务信息

管理者应当积极收集组织的非财务信息，如市场调研报告、客户评价、行业研究报告等，将其与财务信息相结合进行综合分析。例如，在评估一家餐饮机构时，除了分析其财务报表中的收入、成本、利润等指标外，评估人员还可参考消费者对其菜品口味、服务质量的评价，以及市场份额的变化情况，以此更全面地了解该机构的经营状况和发展前景。

七、财务报表分析的应用场景

（一）内部管理决策

1.预算编制与控制

会计人员通过对历史财务报表的分析，了解组织各项业务的收入、成本、费用等情况，为预算编制提供依据。当进入预算执行阶段，会计人员通过对比实际财务数据与预算数据，及时发现偏差并采取纠正措施，确保组织经营目标的实现。

2.绩效评估与激励

管理者以财务报表分析结果为基础，对组织内部各部门、各业务单元和员工个人的绩效进行评估。管理者根据绩效评估结果，制定合理的激励机制，激励员工提高工作效率和业绩。例如，某组织将各部门的净利润、成本费用控制率等财务指标纳入绩效考核体系，对绩效优秀的部门和员工给予奖金、晋升等奖励，以提高员工的工作积极性和整体绩效。

3.战略规划与调整

管理者依据财务报表分析所揭示的组织财务状况、经营成果和发展趋势，结合外部市场环境和行业发展趋势，制定、调整组织的战略规划。

（二）外部投资决策

1.股票投资分析

投资者在选择股票进行投资时，会对目标机构的财务报表进行深入分析，评估其盈利能力、偿债能力、营运能力等财务指标，判断机构的投资价值和潜在风险。例如，价值投资者更倾向于选择那些盈利能力强、财务状况稳定、估值合理的机构进行投资；而成长型投资者则更关注机构的收入增长速度、市场份额扩张能力和未来发展潜力等指标。

2.债券投资评估

债券投资者在评估债券投资价值时，重点关注发行机构的偿债能力指标，如资产负债率、利息保障倍数等。同时，债券投资者也会分析该机构的盈利能力和现金流状况，以确保该机构有足够的资金按时支付债券利息和本金。例如，某投资者在考虑购买一家机构发行的债券时，通过对该机构财务报表的分析，发现其资产负债率较低，利息保障倍数较高，且经营活动现金流量稳定，认为该机构具备较强的偿债能力，从而决定投资该债券。

3.并购重组决策

在进行并购重组时，对目标组织的财务报表进行分析是关键环节。决策者通过分析目标组织的财务状况、资产质量、盈利能力等，评估并购重组的可行性和潜在收益，为并购价格的谈判和交易结构的设计提供依据。

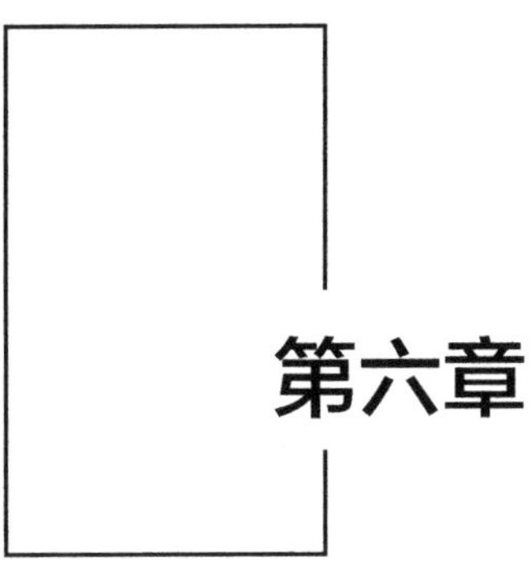

第六章

财务预算与成本控制

第一节 全面预算管理体系

在经济管理的复杂架构中，全面预算管理体系作为一项关键的管理工具，对于实现资源的合理配置、成本的有效控制和既定目标的达成起着举足轻重的作用。全面预算管理并非局限于财务数据的罗列与规划，而是涵盖了从战略规划到日常运营的全方位、全过程的管理活动，它通过整合各项资源，协调各部门间的行动，为组织的稳定发展提供坚实保障。

一、全面预算管理体系的内涵与重要性

（一）全面预算管理的内涵

全面预算管理是一种集计划、控制、协调、激励、评价等功能于一体的综合管理机制。它以战略目标为导向，将未来一定期间内组织的全部经济活动及其资源进行量化和细化，通过编制涵盖业务预算、专门决策预算和财务预算等在内的一系列预算，对各项经济活动进行全面的规划和安排。其中，业务预算主要涉及日常经营活动，如销售预算、生产预算、采购预算等，它是全面预算管理的基础，反映了日常运营的各个环节；专门决策预算则针对特定的重大决策事项，如资本支出预算，用于规划长期投资项目；财务预算作为全面预算体系的最后环节，综合反映了各项业务预算和专门决策预算的结果，主要包括预计资产负债表、预计利润表和现金预算等，它从财务角度展现了组织的财务状况、经营成果和现金流量情况。

（二）全面预算管理的重要性

1.战略落地的桥梁

战略目标通常较为宏观和长远，而全面预算管理能够将其细化为具体的、可操作的年度预算目标和各项预算指标，使各个层级和部门明确自身在实现战略目标过程中的责任与任务。例如，若组织的整体规划是在未来几年内扩大市场份

额，全面预算管理可以将这一目标分解为年度的销售预算，包括各区域的销售目标、产品销售结构以及与之配套的生产预算、采购预算等，确保每个部门的工作都围绕着实现市场份额扩大这一战略目标展开，从而有效推动战略的落地实施。

2.资源配置的优化器

资源的稀缺性决定了组织必须对其进行合理配置。全面预算管理通过对各项业务活动的资源需求进行预测和评估，能够按照战略重点和业务优先级对资源进行合理分配。例如，在资金分配上，组织优先保障对核心业务和具有发展潜力项目的投入，避免资源分散在低效益或非关键的项目上，从而提高资源的使用效率。

3.成本控制的有力手段

全面预算管理在编制过程中，对各项成本费用进行了详细的预测和规划，为成本控制提供了明确的目标和标准。在执行过程中，管理者通过对实际成本与预算成本的对比分析，能够及时发现成本差异，并采取相应的措施进行调整和控制。例如，会计人员在采购预算中明确了各类原材料的采购价格和数量上限，采购人员在实际采购过程中若发现价格超出预算，就可以及时与供应商协商或寻找替代供应商，从而有效控制采购成本。

4.内部沟通与协调的平台

全面预算管理涉及多个部门和环节，需要各部门密切配合、协同工作。在预算编制过程中，各部门需要根据自身的业务计划和需求，提供相关数据和信息，并与其他部门进行沟通和协调。例如，销售部门在制定销售预算时，需要与生产部门沟通产品的生产能力和交货期，生产部门则需要与采购部门协调原材料的供应情况。这种沟通与协调能够避免部门之间的冲突和矛盾，提高整体的运营效率。①

① 陈卓.财务智能化建设下全面预算管理体系建设与实践[J].财讯,2024(14):31-33.

二、全面预算管理体系的目标设定

（一）目标设定的原则

1.战略导向原则

管理者应紧密围绕战略目标设定预算目标，确保预算目标与战略方向一致。如果组织的战略目标是提升产品质量和品牌形象，那么预算目标就应体现组织对研发投入、质量控制、成本等方面的要求，以及与之相关的市场推广费用预算，以此支持产品质量提升后的市场拓展。

2.可行性原则

目标设定既要具有一定的挑战性，以激发内部的积极性和创造力，又要切实可行，充分考虑组织内外部环境的实际情况和自身的资源能力。例如，在设定销售目标时，管理者要综合考虑市场需求、竞争态势、销售渠道和销售团队的能力等因素，避免目标过高无法实现，或目标过低缺乏激励性。

3.全面性原则

目标设定既要涵盖各个方面的业务活动和财务指标，包括收入、成本、利润、资产负债等，又要包括非财务指标，如客户满意度、员工培训与发展等。例如，在设定预算目标时，管理者不仅要关注营业收入和利润的增长，还要关注客户投诉率的降低、员工技能提升的培训计划和效果评估等指标，以实现全面、可持续发展。

4.动态调整原则

组织内外部环境是不断变化的，如市场需求的波动、政策法规的调整、原材料价格的变动等，因此目标应具有一定的灵活性，组织要根据实际情况对其进行动态调整。例如，当市场需求突然大幅增长时，销售预算目标可以相应上调，生产预算、采购预算等也需要进行调整，以满足市场需求；若遇到原材料价格大幅上涨等不利情况，成本预算目标需要进行调整，利润预算目标也会受到影响。

（二）目标设定的方法

1.基数加成法

基数加成法以以往的实际业绩为基础，结合对未来市场变化、业务发展等因素的预测，在基期数据的基础上增加一定的比例来确定预算目标。例如，某组织上一年度的营业收入为1000万元，本年度市场需求预计增长10%，该组织考虑自身的市场拓展计划，预计可以实现15%的增长，则本年度的营业收入预算目标设定为1000×(1+15%)=1150万元。这种方法简单易行，但容易受到基期数据的影响，可能导致预算目标缺乏创新性和前瞻性。

2.零基预算法

零基预算法不受以往预算安排情况的影响，一切从实际需要出发，对各个预算项目进行重新审核和评估，根据重要性和紧迫性来确定预算金额。例如，在编制培训预算时，零基预算法不再以上一年度的培训费用为基础，而是对本年度各项培训需求进行全面分析，根据培训的内容、方式、参与人数等因素，重新确定培训费用预算。这种方法能够有效避免不合理的预算支出，但编制过程较为复杂，需要耗费大量的时间和精力。

3.标杆法

标杆法选取同行业中具有领先水平的组织或项目作为标杆，将自身的业务指标与之进行对比分析，找出差距和改进方向，从而确定预算目标。例如，某组织通过与行业内领先的组织对比，发现自身在成本控制方面存在较大差距，其单位产品成本比标杆低10%，则该组织可以将降低10%的单位产品成本作为本年度的成本预算目标，并制定相应的成本控制措施。这种方法能够使预算目标具有较高的挑战性和参考价值，但组织需要准确获取标杆数据，并结合自身实际情况进行合理调整。

三、全面预算管理体系的编制流程

（一）预算编制的准备阶段

1.信息收集与分析

在这一阶段，管理者应当收集内外部相关信息，包括历史财务数据、业务数据、市场调研报告、行业发展趋势、政策法规变化等，并对这些信息进行深入分析，以服务于组织决策规划。例如，管理者通过分析历史销售数据，了解产品销售的季节性规律；通过研究行业发展趋势，预测未来市场需求的变化方向；关注政策法规的调整，提前做好应对准备，如环保政策对生产工艺和成本的影响等。

2.组织培训与沟通

管理者应当组织相关人员进行全面预算管理知识的培训，使其了解预算编制的流程、方法和要求。同时，管理者应当加强各部门之间的沟通与交流，明确各部门在预算编制过程中的职责和任务，确保预算编制工作的顺利进行。例如，管理者应当举办预算编制培训会议，邀请专业人士讲解预算编制的要点和技巧；建立预算编制工作群，方便各部门及时沟通和协调问题。

（二）预算编制的具体步骤

1.销售预算编制

销售预算是全面预算管理的起点，它决定了其他各项预算的规模和方向。销售部门根据市场调研和预测结果，结合自身的销售目标和销售策略，编制销售预算。销售预算主要包括销售数量、销售单价、销售收入等内容，同时，销售部门还应考虑销售费用的预算安排。例如，销售部门预计本年度销售产品10000件，每件销售单价为100元，则销售收入预算为10000×100=100万元。同时，销售部门根据销售策略，预计需要投入10万元的广告宣传费和5万元的销售人员差旅费等销售费用。

2.生产预算编制

生产部门根据销售预算和库存情况，编制生产预算。生产预算的主要内容包括生产数量、生产时间安排等。生产数量=预计销售量+预计期末存货量-预计期初存货量。例如，销售预算预计本年度销售产品10000件，预计期末存货量为1000件，预计期初存货量为500件，则生产预算中的生产数量为10000+1000-500=10500件。同时，生产部门根据生产工艺和设备产能，合理安排生产时间，确保按时完成生产任务。

3.采购预算编制

采购部门根据生产预算和原材料库存情况，编制采购预算。采购预算主要包括采购数量、采购单价、采购金额等内容。采购数量=生产所需原材料数量+预计期末原材料存货量-预计期初原材料存货量。例如，在生产预算中，本年度预计生产10500件产品，每件产品需要消耗原材料10千克，预计期末原材料存货量为5000千克，预计期初原材料存货量为3000千克，则采购预算中的采购数量为10500×10+5000-3000=107000千克。同时，采购部门通过与供应商谈判和市场调研，确定原材料采购单价为5元/千克，则采购金额预算为107000×5=535000元。

4.费用预算编制

各部门根据自身的业务活动和管理需求，编制费用预算。费用预算包括管理费用、销售费用、研发费用等。管理费用主要包括办公费、差旅费、水电费、管理人员薪酬等；销售费用包括广告宣传费、销售人员差旅费等；研发费用包括研发人员薪酬、研发设备购置费用、研发材料费用等。各部门在编制费用预算时，应遵循节约、合理的原则，对各项费用进行详细的分析和预测。例如，人力资源部门预计本年度需要招聘5名新员工，招聘费用预算为2万元；研发部门计划开展一个新产品研发项目，预计研发周期为12个月，研发费用预算为200万元，包括研发人员薪酬100万元、研发设备购置费用50万元、研发材料费用50万元。

5.专门决策预算编制

对于重大的投资项目、融资项目等，组织需要编制专门决策预算。例如，组织在计划投资建设一座新的生产厂房时，需要对项目的投资金额、建设周期、资金来源、预期收益等进行详细的规划和预测。假设新厂房建设投资预算为5000万元，建设周期为2年，资金来源为银行贷款3000万元和自有资金2000万元，预计投产后每年可增加销售收入2000万元，增加净利润500万元。

6.财务预算编制

财务部门根据各项业务预算和专门决策预算，编制财务预算。财务预算主要包括预计资产负债表、预计利润表和现金预算。预计资产负债表反映了组织在预算期末的资产、负债和所有者权益情况；预计利润表展示了组织在预算期内的收入、成本、利润等情况；现金预算则对组织在预算期内的现金流入和流出进行了预测与规划，确保组织有足够的现金满足日常运营和发展的需要。例如，财务部门根据各项预算数据，预计本年度末资产总额为8000万元，其中包括流动资产3000万元、非流动资产5000万元；负债总额为3000万元，其中包括流动负债1500万元、非流动负债1500万元；所有者权益总额为5000万元。财务部门根据各项预算数据，预计本年度实现营业收入1000万元，营业成本600万元，销售费用50万元，管理费用80万元，研发费用100万元，财务费用20万元，实现净利润150万元。现金预算预计本年度现金流入1200万元，其中包括销售收入收到现金1000万元、银行贷款收到现金200万元；现金流出1050万元，其中包括采购原材料支付现金500万元、支付员工薪酬300万元、支付各项费用150万元、投资建设新厂房支付现金100万元，期末现金余额为150万元。

（三）预算编制的审核与调整

1.预算审核

当各项预算草案拟定完毕，专门的预算审核小组对各项预算进行审核。审核小组主要从预算目标的合理性、预算编制的准确性、预算项目的完整性、预算指标的协调性等方面进行审核。例如，审核小组审核销售预算中的销售目标是否与市场调研结果相符，生产预算与销售预算是否匹配，费用预算是否存在不合理的支出等。如果发现预算存在问题，则审核小组及时将信息反馈给相关部门进行修改。

2.预算调整

在预算实施阶段，由于内外部环境的变化，组织可能需要对预算进行调整。预算调整应遵循严格的审批程序，一般由提出调整申请的部门说明调整原因、调整内容和调整后的影响。例如，由于原材料价格大幅上涨，采购部门提出调整采购预算，增加采购金额。审核小组经过评估，如果认为调整合理，报经相关领导审批通过后，采购部门可对预算进行调整。同时，审核小组要对调整后的预算进行重新审核和分析，确保预算的合理性和有效性。

四、全面预算管理体系的执行与监控

（一）预算执行的责任落实

组织应当明确各部门和人员在预算执行中的责任，将预算指标层层分摊，落实到具体的岗位和个人。例如，组织应当将销售预算中的销售目标分摊给各个销售区域和销售人员，将生产预算中的生产任务分摊给各个生产车间和班组，将费用预算中的各项费用指标分摊给各个部门和具体的费用项目负责人。同时，组织应当建立相应的责任考核制度，对预算执行情况进行定期考核和评价，将考核结果与个人绩效挂钩，激励员工积极参与预算执行。

（二）预算执行的过程监控

1.建立监控机制

组织应当设立专门的预算监控岗位或部门，负责对预算执行情况进行实时监控。预算监控岗位或部门应当通过建立预算执行监控系统，及时收集和整理预算执行数据，对实际执行情况与预算目标进行对比分析，发现偏差及时预警。例如，预算监控岗或部门应当通过财务软件系统实时监控各项费用的支出情况，当某项费用支出接近或超过预算额度时，系统自动发出预警信息。

2.定期报告与分析

各部门定期（如每个月、每个季度）向预算管理部门提交预算执行报告，汇报本部门的预算执行情况，包括预算完成进度、实际与预算的差异及原因分析等。预算管理部门对各部门的报告进行汇总和分析，形成整体的预算执行分析报告，为管理层提供决策依据。例如，各部门在每月末提交预算执行报告，预算管理部门在次月上旬对报告进行汇总分析，形成月度预算执行分析报告，在报告中详细说明各项预算指标的完成情况，如销售收入完成率、成本费用控制情况等，并对差异较大的项目进行重点分析，提出改进建议。

3.动态调整与控制

根据预算执行监控和分析的结果，对预算执行过程进行动态调整和控制。对于预算执行偏差较小的情况，各部门可以采取一些临时性的措施进行调整，如加强费用审批、优化生产流程等；对于预算执行偏差较大的情况，各部门要实施更为全面的预算优化举措。例如，当发现某一产品的市场需求大幅下降，导致销售预算无法完成时，生产部门应当及时调整生产计划，减少该产品的生产数量，避免库存积压；同时，销售部门应当调整销售策略，加大对其他产品的推广力度，以弥补销售缺口。

五、全面预算管理体系的考核与评价

（一）考核指标的设定

1.财务指标

财务指标包括营业收入完成率、利润完成率、成本费用控制率、资产负债率、流动比率等。营业收入完成率反映了销售预算的完成情况，计算公式为：实际营业收入 ÷ 预算营业收入 × 100%。利润完成率体现了利润预算的达成程度，计算公式为：实际净利润 ÷ 预算净利润 × 100%。成本费用控制率用于考核成本费用的控制效果，计算公式为：（预算成本费用–实际成本费用）÷ 预算成本费用 × 100%。资产负债率和流动比率则反映了财务状况的稳定性。例如，组织设定营业收入完成率的考核目标为95%以上，利润完成率的考核目标为100%以上，成本费用控制率的考核目标为节约5%以上。

2.非财务指标

非财务指标包括客户满意度、产品质量合格率、员工培训完成率、项目进度完成率等。客户满意度反映了组织对客户需求的满足程度，可以通过客户调查等方式进行评估。产品质量合格率体现了产品质量的高低，计算公式为：合格产品数量 ÷ 产品总数量 × 100%。员工培训完成率用于衡量员工培训计划的执行情况，计算公式为：实际完成培训的员工人数 ÷ 计划培训的员工人数 × 100%。项目进度完成率则反映了项目按计划推进的程度，计算公式为：实际完成的项目进度 ÷ 计划项目进度 × 100%。组织可以将客户满意度的考核目标设定为90分以上（满分100分），产品质量合格率的考核目标设定为98%以上，员工培训完成率的考核目标设定为95%以上，项目进度完成率的考核目标设定为100%。

（二）考核与评价的流程

1.数据收集与整理

在考核期结束后，相关部门负责收集和整理各项考核指标的数据。财务指标的数据主要来源于财务部门的账务处理系统，如营业收入、利润、成本费用等数据；非财务指标的数据则需要相关部门通过不同的方式收集。例如，客户满意度数据通过市场调研部门发放客户调查问卷、电话回访等方式收集；产品质量合格率数据由质量检测部门提供；员工培训完成率数据由人力资源部门统计；项目进度完成率数据由项目管理部门根据项目实际进展情况与计划进度对比得出。各部门要对收集到的数据进行审核和整理，确保数据的真实性、准确性和完整性。

2.考核评分与分析

组织根据设定的考核指标和评分标准，对各部门和人员的预算执行情况进行考核评分。对于财务指标，组织应当按照预先设定的计算公式计算出实际完成率，然后根据完成率与考核目标的差距进行评分。例如，营业收入完成率达到95%以上得满分，每低于目标1%扣5分。对于非财务指标，组织应当根据实际完成情况对照相应的评分标准进行打分。例如，客户满意度达到90分以上得满分，每低1分扣2分。在考核评分过程中，组织应当对各项指标的完成情况进行详细分析，找出存在的问题和原因。例如，如果某部门的成本费用控制率未达到考核目标，组织应当分析这是某项费用超支导致的，还是整体成本管理不善造成的。

3.结果反馈与沟通

组织应当将考核结果及时反馈给各部门和相关人员，与他们进行沟通，听取他们的意见和解释。对于考核结果优秀的部门和人员，组织应当给予肯定和表扬，总结他们的成功经验并在内部进行推广；对于考核结果不理想的部门和人员，组织应当与他们共同分析原因，制订改进措施和计划。例如，组织可以召开预算考核结果反馈会议，向各部门通报考核结果，各部门负责人对本部门的考核情况进行说明，针对存在的问题共同探讨解决方案。

（三）考核结果的应用

1.绩效奖金分配

组织应当将考核结果与绩效奖金挂钩，根据考核得分确定各部门和人员的绩效奖金系数。绩效奖金系数越高，获得的绩效奖金越多。例如，组织可以设定考核得分在90分及以上的绩效奖金系数为1.2，80～89分的绩效奖金系数为1.0，60～79分的绩效奖金系数为0.8，60分以下的绩效奖金系数为0.5，以此激励员工积极完成预算目标，提高工作绩效。

2.职位晋升与调整

组织应当将考核结果作为职位晋升和调整的重要依据之一。对于连续多个考核期表现优秀、在预算执行过程中发挥重要作用且具备相应能力的员工，组织应当优先考虑晋升；对于不能胜任工作、预算执行情况较差的员工，组织应当进行职位调整或提供针对性的培训和辅导。例如，在职位晋升评估中，组织可以将预算考核成绩设定为总分的30%，综合考虑员工的工作能力、工作态度等其他因素，选拔出合适的晋升人选。

3.预算改进与优化

组织应当根据考核结果分析，总结预算管理过程中存在的问题和不足之处，对预算编制、执行、监控等环节进行改进和优化。例如，如果发现某些预算指标的设定不合理，导致考核结果普遍不理想，在下一年度预算编制时，组织应当对这些指标进行重新评估和调整；如果发现预算执行监控机制存在漏洞，组织应当及时完善监控体系，加强对关键环节和重点项目的监控。组织应当通过持续改进和优化，不断提高全面预算管理体系的运行效果和管理水平。

六、全面预算管理体系的信息化建设

（一）信息化建设的重要性

1.提高预算编制效率

利用信息化系统，各部门可以在线填写和提交预算数据，系统自动进行数据汇总和计算，大大缩短了预算编制的时间。同时，信息化系统可以提供丰富的预算模板和数据分析工具，帮助预算编制人员快速准确地完成预算编制工作。例如，在销售预算编制过程中，销售人员可以通过销售管理系统直接导入历史销售数据和市场调研数据，系统根据预设的算法和模型，自动生成销售预算的初步数据，销售人员只需根据实际情况对数据进行适当调整。

2.加强预算执行监控

信息化系统可以实时监控预算执行情况，及时发现预算执行偏差。系统可以自动采集各项业务活动的实际数据，并与预算数据进行对比分析，一旦发现偏差，系统立即发出预警信息。例如，在费用报销环节，当财务人员在系统中录入报销数据时，系统自动与费用预算进行比对，如果报销金额超过预算额度，系统提示不能报销或需要经过特殊审批流程，从而有效控制费用支出。

3.实现数据共享与协同

信息化系统打破了部门之间的信息壁垒，实现了数据的共享和协同，各部门可以在系统中实时获取与预算相关的其他部门的数据。例如，销售部门可以查看生产部门的生产进度和库存情况，以便及时调整销售策略；生产部门可以了解采购部门的原材料采购进度，科学安排生产。这种数据共享和协同机制有助于提高各部门之间的工作效率与协同能力。

4.提供决策支持

信息化系统能够对大量的预算数据和实际业务数据进行深度分析，助力组织各层级作出科学决策。信息化系统通过数据分析挖掘，可以发现潜在的问题和机会，预测未来的发展趋势，为战略决策、投资决策、经营决策等提供科学依据。例如，信息化系统通过对销售数据和市场数据的分析，可以预测不同产品在不同区域的市场需求变化趋势，为产品研发和市场拓展决策提供参考。

（二）信息化系统的功能模块

1.预算编制模块

该模块提供了丰富的预算编制模板和工具，支持多种预算编制方法，如零基预算、滚动预算等。各部门可以在系统中在线编制预算，系统自动进行数据校验和审核，确保预算数据的准确性和完整性。同时，该模块还具备预算数据汇总、合并和调整功能，方便预算管理部门对整体预算进行编制和调整。

2.预算执行监控模块

该模块实时采集各项业务活动的实际数据，与预算数据进行对比分析，计算预算执行偏差，并通过图表、报表等形式直观展示预算执行情况。当预算执行偏差超出预设范围时，系统自动发出预警信息，促使相关人员关注并处理。该模块还支持对预算执行情况的查询和追溯，方便相关人员对预算执行过程进行监控和管理。

3.数据分析与决策支持模块

该模块对预算数据和实际业务数据进行多维度分析，包括趋势分析、结构分析、对比分析等。该模块通过数据分析，洞察数据蕴含的价值，辅助各类决策。例如，该模块可以通过对成本费用数据的分析，找出成本控制的关键点和潜在的节约空间；评估不同产品和销售渠道的盈利能力，为销售策略调整提供依据。该模块还具备数据预测功能，利用数据分析模型和算法，预测未来的业务发展趋势和预算执行情况，为决策提供前瞻性的参考。

4.报表管理模块

该模块根据不同用户的需求，生成各种预算报表和分析报表，如预算执行情况报表、财务报表、部门预算报表等。报表格式可以自定义设置，支持数据导出和打印功能。该模块还具备报表权限管理功能，确保报表数据的安全性和保密性，只有具有相应权限的用户才能查看和使用相关报表。

（三）信息化建设的实施与保障

1.项目规划与选型

在进行信息化建设之前，组织应当制定详细的项目规划，明确信息化建设的目标、范围、实施步骤和时间节点。同时，组织应当根据自身的业务需求和管理特点，选择适合的信息化系统供应商和产品。在选型过程中，组织应当对不同供应商的产品进行调研和评估，比较其在功能、性能、价格、售后服务等方面的优劣，选择性价比高、满足需求的信息化系统。例如，组织可以成立信息化建设项目小组，负责项目的规划和实施工作，通过市场调研和招标程序，选择一家具有丰富行业经验和良好口碑的信息化系统供应商。

2.系统实施与培训

组织应当按照项目规划，组织实施信息化系统的安装、调试和部署工作。在实施过程中，组织应当加强与信息化系统供应商的沟通和协作，确保系统的顺利实施。同时，组织应当对相关人员进行系统操作培训，使他们熟悉系统的功能和使用方法，提高系统的应用水平。培训内容包括系统操作流程、预算编制方法、数据录入规范、报表生成与分析等方面。例如，在系统上线前，组织可以开展多轮培训课程，邀请信息化系统供应商的技术人员进行现场讲解和演示，同时提供操作手册和在线学习资源，方便员工随时学习和查阅。

3.数据迁移与整合

组织应当将原有的财务数据、业务数据等迁移到新的信息化系统中，并进行数据整合和清洗，确保数据的准确性和一致性。在数据迁移过程中，组织应当制定详细的数据迁移方案，采取有效的数据备份和恢复措施，以防止数据丢失和损坏。同时，组织应当对迁移后的数据进行验证和测试，确保数据能够在新系统中正常使用。

4.持续改进与维护

在信息化系统上线后，组织应当建立持续改进和维护机制，及时解决系统运行过程中出现的问题和故障。组织应当定期对系统进行优化和升级，根据业务发展和管理需求的变化，增加新的功能模块或对现有功能进行改进。组织应当加强对系统数据的安全管理，采取数据加密、访问控制、备份恢复等措施，确保系统数据的安全可靠。

七、全面预算管理体系在实践中的挑战与应对策略

（一）观念转变的挑战

1.观念转变的问题表现

部分人员对全面预算管理的重要性认识不足，认为预算编制只是财务部门的工作，与自己关系不大，缺乏参与预算管理的积极性和主动性。在预算执行过程中，相关人员存在不重视预算约束的情况，随意调整预算，导致预算管理失去严肃性和权威性。

2.应对观念转变的策略

组织应当加强全面预算管理知识的培训和宣传，提高全体人员对全面预算管理的认识和理解。组织应当通过组织培训课程、发放宣传资料、召开动员大会等方式，让大家了解全面预算管理的理念、方法和流程，以及对整体发展的重要意义。同时，组织应当建立健全预算管理的激励机制，将预算执行情况与个人绩效挂钩，对积极参与预算管理、预算执行情况良好的部门和人员给予奖励，对违反预算管理规定的部门和人员进行处罚，从而提高大家参与预算管理的积极性和主动性。

（二）数据准确性与及时性的挑战和应对策略

1.数据准确性与及时性的挑战

在预算编制和执行过程中，数据的准确性和及时性难以保证。由于数据来源

广泛，涉及多个部门和系统，数据在收集、整理和传递的过程中容易出现错误与延误。例如，销售部门提供的销售数据可能存在统计错误；采购部门的原材料价格数据更新不及时，导致预算编制和执行出现偏差。

全面预算管理涉及多个部门，各部门之间的目标和利益可能存在差异，在预算编制和执行过程中容易出现部门间协调不畅、沟通不及时的情况。例如，销售部门为了完成销售目标，可能要求生产部门增加产量，但生产部门由于原材料供应、设备产能等限制，无法满足销售部门的需求，导致部门间产生矛盾和冲突。

2.应对数据准确性与及时性的策略

组织应当建立统一的数据管理平台，实现数据的集中管理和共享。组织应当通过数据接口和数据交换技术，将各部门的业务系统与全面预算管理信息化系统进行集成，确保数据能够实时、准确地传输到预算管理系统中。同时，组织应当加强对数据的审核和校验机制，在数据录入和传输过程中，对数据的格式、范围、逻辑关系等进行严格审核，确保数据的准确性。例如，在销售数据录入系统时，系统自动对数据进行格式校验和逻辑检查，如销售数量不能为负数、销售单价必须在合理范围内等，只有通过审核的数据才能进入系统。

组织应当建立健全部门间协调与沟通机制，明确各部门在预算管理中的职责和权限，加强部门间的协作与配合。组织应当针对预算编制工作，组织跨部门的沟通会议，让各部门充分发表意见和建议，共同协商解决预算编制过程中出现的问题。在预算执行阶段，组织应当建立定期的沟通汇报机制，各部门及时向预算管理部门汇报预算执行情况，预算管理部门及时协调解决部门间出现的矛盾和问题。例如，组织可以每月召开一次预算执行协调会议，由各部门汇报本部门的预算执行情况和存在的问题，共同研究解决方案，确保预算执行工作的顺利进行。

（三）外部环境变化的挑战

1.外部环境变化的问题表现

外部环境如市场需求、政策法规、原材料价格等变化频繁，给预算管理带来了很大的不确定性。例如，市场需求突然下降，导致销售预算无法完成；政策法规的调整可能影响生产工艺和成本，使原有的预算失去合理性。

2.应对外部环境变化的策略

组织应当加强对外部环境的监测和分析，建立外部环境预警机制。组织应当通过收集和分析市场调研数据、行业动态信息、政策法规文件等，敏锐捕捉外部环境变动迹象，提前做好应对准备。在进行预算规划时，组织应当充分考虑外部环境的不确定性，预留一定的弹性空间。例如，组织可以依据市场需求的波动情况，设置不同的销售目标情景，制定相应的预算方案；在采购预算中，组织可以考虑原材料价格的波动因素，预留一定的价格调整空间。此外，当外部环境发生重大变化时，组织应当及时对预算进行调整和优化，确保预算能够适应外部环境的变化。

第二节　成本管理与控制方法

一、成本管理与控制的基础概念

（一）成本的分类

1.按经济用途分类

（1）直接材料成本

直接材料成本是指在活动过程中直接构成产品实体或有助于产品形成的各种原材料、辅助材料等的成本。例如，在进行某项产品生产时，组织所使用的主要原材料的采购费用，如制造电子产品所需的芯片、电路板等原材料的支出，这些直接用于产品生产且能清晰追溯到具体产品的材料成本，即为直接材料成本。

（2）直接人工成本

直接人工成本是指在活动中直接从事产品生产的人工薪酬，包括工资、奖金、津贴和组织为员工缴纳的社会保险费等。例如，生产线工人的工作直接与产品制造相关，其薪酬支出就属于直接人工成本。

（3）制造费用

制造费用是指除直接材料成本和直接人工成本之外的，为组织和管理生产活动而发生的各项间接费用。它涵盖了生产车间的水电费、设备折旧费、车间管理人员的工资等。例如，生产车间的照明用电费用虽然无法直接对应到某一个具体产品，但却是维持生产活动正常进行所必需的费用，应计入制造费用。

2.按性态分类

（1）固定成本

固定成本是指在一定时期和一定业务量范围内，总额不随业务量变动而变动的成本。例如，无论业务量如何变化，办公场地的租金在租赁期内通常是固定不变的。即使业务量为零，组织也需要支付这笔租金。又如，固定资产的折旧费按照一定的折旧方法计算，在一定期间内相对固定，不随产品产量或业务量的增减而改变。

（2）变动成本

变动成本是指总额随业务量的变动而成正比例变动的成本。例如，随着产品产量的增加，生产产品所需原材料的数量也会增加，原材料成本总额也会成比例上升。再如，销售量越大，组织所需支付的销售佣金也就越多，两者呈现正比例关系。

（3）混合成本

混合成本是指介于固定成本和变动成本之间，总额既随业务量变动又不成正比例变动的成本。例如，单位的电话费通常包含一定的固定月租费用，这部分属于固定成本；同时，通话根据时长还会产生额外的通话费用，这部分与业务量（通话时长）相关，属于变动成本。因此，电话费就是一种混合成本。

（二）成本管理与控制的内涵

成本管理是指组织在一定时期内，通过一系列科学的管理方法和手段，对生产经营过程中所产生的成本，进行预测、决策、计划、控制、核算、分析和考核等一系列管理活动，以达到降低成本、提高经济效益的目的。它不仅是对成本的简单计算和记录，而且涵盖了从成本产生的源头到最终结果的全过程管理。

成本控制则是成本管理的重要环节，它是组织在成本形成过程中，根据事先制定的成本目标，对各项生产经营活动进行指导、限制和监督，及时发现实际成本与目标成本之间的差异，并采取有效措施加以纠正，使成本控制在预定的目标范围之内。

二、成本管理与控制的重要性

（一）提高经济效益

有效的成本管理与控制能够直接降低运营成本，从而增加利润空间。组织通过合理控制原材料采购成本、优化生产流程减少浪费、降低人工成本等措施，可以提高资源利用效率，以较少的投入获得更多的产出。例如，组织可以通过与供应商进行谈判，争取更优惠的原材料采购价格，直接降低产品的生产成本。在销售价格不变的情况下，成本的降低意味着利润的增加，组织因此提高了经济效益。

（二）增强竞争力

在市场竞争日益激烈的环境下，成本优势是组织赢得竞争的关键因素之一。组织通过有效的成本管理与控制，能够以更低的成本提供与竞争对手相同质量的产品或服务，或者以相同的成本提供更优质的产品或服务。这样既可以使产品或服务在价格上更具竞争力，又可以增强组织的市场竞争力与商业影响力。例如，某组织通过优化生产工艺，降低了产品的生产成本，从而使产品以更低的价格推向市场，吸引了更多对价格敏感的客户，使自身在市场竞争中占据有利地位。

（三）保障可持续发展

合理的成本管理与控制有助于资源的合理配置和有效利用，避免资源的浪费和过度消耗。组织通过对成本的分析和控制，可以发现哪些业务活动或项目是具有经济效益和发展潜力的，哪些是需要改进或淘汰的。这有助于组织优化业务结构，集中资源发展核心业务，为可持续发展提供保障。例如，组织通过成本分析发现某一业务板块长期亏损，且市场前景不佳时，可以通过调整战略，逐步缩减或退出该业务板块，将资源集中投入到更有发展潜力的业务中，确保自身长期稳定发展。①

① 陈学梅.项目管理决算中的资源配置与成本控制策略研究[J].财讯,2024(12):25−27.

三、常见的成本管理与控制方法

（一）作业成本法

1.作业成本法的原理

作业成本法（ABC法）是一种基于作业的成本核算和管理方法。它认为成本的产生是由各种作业引起的，而产品或服务消耗作业，因此它将成本按照作业进行归集和分配。首先，组织应当确定各项作业，如采购作业、生产准备作业、设备调试作业、产品检验作业等。其次，组织应当为每个作业确定成本动因，成本动因是导致作业成本发生的因素，如采购次数、生产准备次数、设备调试时间、检验次数等。最后，组织应当根据成本动因将间接成本分配到各个作业中，再根据产品或服务所消耗的作业量，将作业成本分配到产品或服务中。

例如，在电子产品制造中，设备调试作业的成本动因是设备调试时间。假设设备调试总成本为100000元，总调试时间为1000小时，某产品A需要设备调试20小时，则分配到产品A的设备调试成本为100000 ÷ 1000 × 20=2000元。通过这种方式，能够更准确地计算产品或服务的成本，为成本管理与控制提供更精确的信息。

2.作业成本法的应用步骤

（1）作业认定

组织应当对各项活动进行详细分析，识别出主要的作业。这需要组织深入了解业务流程，与各部门的工作人员进行沟通，确定哪些活动是具有可区分性和可计量性的作业。例如，物流配送可能包括货物装卸作业、运输作业、仓储作业等。

（2）成本动因选择

组织应当为每个作业确定合适的成本动因。成本动因应与作业成本之间存在因果关系，并且能够方便地获取和计量。例如，对于仓储作业，仓库面积的占用时间可能是合适的成本动因；对于运输作业，运输里程或运输时间可能是成本动因。

（3）成本归集与分配

组织应当将各项成本首先归集到相应的作业中，然后根据产品或服务对作业的消耗情况，把作业成本分摊至产品或服务。这就要求组织准确记录各项作业的成本和成本动因的数量，以便进行成本分配计算。

（4）成本分析与控制

组织应当根据作业成本法计算出的成本信息，进行成本分析。组织应当找出成本较高的作业环节，分析原因，采取相应的措施进行控制。例如，当发现某一产品的检验作业成本过高时，组织通过分析可能发现这是检验流程烦琐、检验设备老化等导致的，进而可以优化检验流程、更新检验设备，降低检验作业成本。

3.作业成本法的优势与局限性

（1）作业成本法的优势

相比传统的成本计算方法，作业成本法能够更准确地分配间接成本，提供更精确的成本信息。这有助于管理者更清晰地了解产品或服务的真实成本结构，从而作出更合理的定价决策、产品组合决策和资源配置决策。例如，在多品种小批量生产的情况下，传统成本计算方法可能会高估或低估某些产品的成本，而作业成本法能够更准确地反映每个产品的成本，避免因成本计算不准确而导致的决策失误。

（2）作业成本法的局限性

作业成本法的实施需要大量的时间和人力来进行作业认定、成本动因选择与数据收集分析。这增加了实施成本和管理难度，而且在确定成本动因时，相关人员可能存在一定的主观性，不同的人可能选择不同的成本动因，从而影响成本计算的准确性。此外，对于一些间接成本与成本动因之间因果关系不明显的情况，作业成本法的应用效果可能会受到影响。

（二）目标成本法

1.目标成本法的原理

目标成本法是一种以市场为导向，在产品设计阶段就开始进行成本控制的方法。它首先根据市场需求和竞争情况，确定产品的目标售价和目标利润，然后倒推出产品的目标成本。它的计算公式是：目标成本=目标售价-目标利润。例如，某产品预计在市场上的售价为100元，期望获得的利润为20元，则该产品的目标成本为100-20=80（元）。在产品设计、研发、生产等各个环节，组织通过价值工程等方法，对成本进行控制和优化，确保产品的最终成本不超过目标成本。

2.目标成本法的应用步骤

（1）市场调研与目标售价确定

组织应当通过市场调研，了解市场需求、竞争对手产品价格、消费者对产品性能和质量的期望等信息。组织应当根据这些信息，结合自身的市场定位和营销策略，确定产品的目标售价。例如，某组织通过对市场上同类产品的价格分析，发现类似功能和质量的产品平均售价为120元，考虑到自身的品牌影响力和市场竞争策略，将目标售价定为110元。

（2）目标利润设定

组织应当根据发展战略和投资回报率要求，确定目标利润。目标利润的设定需要综合考虑多种因素，如资本成本、市场风险、预期的销售规模等。例如，某组织计划在某产品上投入1000万元的资金，期望获得15%的投资回报率，预计销售量为10万件，则目标利润为1000×15%=150万元，每件产品的目标利润为150÷10=15元。

（3）目标成本计算与分解

组织应当根据目标售价和目标利润，计算出目标成本，并将目标成本分解到产品的各个零部件或作业环节。例如，某产品的目标成本为95元，组织经过分析，将其分解为直接材料成本50元、直接人工成本20元、制造费用25元。对于每个零部件或作业环节，组织应当设定相应的成本目标，以便进行成本控制。

（4）成本控制与持续改进

在产品设计、研发、生产等过程中，组织应当采用价值工程等方法，对成本进行控制和优化。价值工程是通过对产品功能和成本的分析，寻求以最低的成本实现产品必要功能的方法。例如，在产品设计阶段，组织通过与设计团队沟通，发现某一零部件的功能可以通过采用更便宜的材料和更简单的设计来实现，且不影响产品的整体性能，从而降低了该零部件的生产成本。

3.目标成本法的优势与局限性

（1）目标成本法的优势

目标成本法以市场为导向，从产品设计阶段就开始进行成本控制，有助于组织提高产品的市场竞争力。组织通过将目标成本分解到各个环节，能够明确各部门和人员的成本控制责任，促进全员参与成本管理。而且，组织在产品设计阶段进行成本优化，能够避免在生产过程中因设计不合理而导致的成本增加，实现成本的产前控制。

（2）目标成本法的局限性

目标成本法的实施依赖准确的市场调研和预测，市场需求和价格是不断变化的，市场情况如果在实施过程中发生较大变化，则可能导致目标售价和目标利润的调整，从而影响目标成本的有效性。而且，在成本分解和控制过程中，组织可能会遇到部门之间协调困难的问题，各部门可能为了自身利益而忽视整体目标成本的实现。此外，对于一些创新型产品，由于市场上缺乏可比产品，准确确定目标售价和目标利润存在一定难度。

（三）标准成本法

1.标准成本法的原理

标准成本法是预先制定标准成本，将实际成本与标准成本进行比较，分析成本差异，并采取措施消除不利差异的一种成本控制方法。标准成本是组织根据历史数据、技术参数、生产工艺等因素，经过科学计算制定的在正常生产经营条件下应该达到的成本水平。它包括直接材料标准成本、直接人工标准成本和制造费用标准成本。具体的计算公式是：直接材料标准成本=单位产品标准用量×标准单价；直接人工标准成本=单位产品标准工时×标准工资率；制造费用标准成本=单位产品标准工时×标准制造费用分配率。

在实际生产过程中，组织应当计算实际成本与标准成本之间的差异，包括直接材料成本差异、直接人工成本差异和制造费用成本差异。具体计算公式是：成本差异=实际成本–标准成本。组织应当通过分析成本差异，找出原因，采取相应的措施进行改进，以达到控制成本的目的。

2.标准成本法的应用步骤

（1）标准成本制定

组织应当确定直接材料、直接人工和制造费用的标准用量与标准价格。对于直接材料，组织应当根据产品设计和生产工艺要求，确定单位产品所需的各种原材料的标准用量，并通过市场调研和与供应商谈判，确定原材料的标准单价。对于直接人工，组织应当根据生产流程和劳动定额，确定单位产品的标准工时，并结合人力资源市场情况，确定标准工资率。对于制造费用，组织应当根据生产设备的产能、生产工艺特点等因素，明确生产单位产品所需对应耗时，并按照一定的方法计算出标准制造费用分配率。例如，某产品生产所需的某种原材料标准用量为5千克，标准单价为10元/千克，则直接材料标准成本为5×10=50元；单位产品标准工时为2小时，标准工资率为20元/小时，则直接人工标准成本为2×20=40元；制造费用标准分配率为15元/小时，则制造费用标准成本为2×15=30元，该产品的单位标准成本为50+40+30=120元。

（2）成本差异计算

在生产过程中，组织应当记录实际发生的直接材料用量、直接人工工时和制造费用等数据，计算实际成本。然后，组织应当分别计算直接材料成本差异、直接人工成本差异和制造费用成本差异。直接材料成本差异 = 实际用量 × 实际单价 – 标准用量 × 标准单价，组织可将其进一步分解为用量差异和价格差异；直接人工成本差异 = 实际工时 × 实际工资率 – 标准工时 × 标准工资率，组织可将其分解为效率差异和工资率差异；制造费用成本差异 = 实际制造费用 – 标准制造费用，组织可将其分解为耗费差异、效率差异和生产能力利用差异等。例如，组织在实际生产该产品时，使用原材料 6 千克，实际单价为 11 元 / 千克，则直接材料成本差异 =6×11–5×10=16 元。其中，用量差异 =(6–5)×10=10 元，价格差异 =6×(11–10)=6 元。

（3）成本差异分析与控制

组织应当对计算出的成本差异进行分析，找出产生差异的原因。直接材料用量差异可能是生产过程中的浪费、产品设计变更等原因导致的；直接材料价格差异可能是市场价格波动、采购渠道变化等原因引起的。直接人工效率差异可能是工人操作熟练程度、生产设备故障等原因造成的；直接人工工资率差异可能是工资调整、加班等因素导致的。制造费用差异可能是设备利用率、能源价格变动等原因引起的。组织应当基于这些分析所得，针对性地实施管控举措。如果是生产过程中的浪费导致直接材料用量差异，则组织可加强生产现场管理，提高工人的操作技能，减少浪费；如果是市场价格波动导致直接材料价格差异，则组织可通过与供应商签订长期合同、套期保值等方式来稳定价格。

3.标准成本法的优势与局限性

（1）标准成本法的优势

标准成本法为成本控制提供了明确的目标和标准，便于组织进行成本的日常监控和管理。通过组织成本差异分析，可以及时发现成本管理中存在的问题，采取针对性的措施进行改进，有助于提高成本管理的效率和效果，而且标准成本可以作为预算编制、绩效评估的重要依据，为管理决策提供支持。例如，在预算编制时，组织以标准成本为基础，结合预计的生产数量，能够更准确地制定成本预算；在绩效评估时，组织依据标准成本考量实际情况，能够客观地评价各部门和人员的成本控制业绩。

（2）标准成本法的局限性

标准成本法的制定需要大量的历史数据和准确的技术参数，而且市场环境、生产工艺等因素是不断变化的，如果标准成本不能及时更新，则可能导致实际成本与标准成本之间的差异失去参考价值。此外，在成本差异分析中，有些差异的原因可能比较复杂，组织难以准确区分和确定责任归属，这可能影响成本控制措施的有效实施。例如，当多种因素共同导致制造费用差异时，准确判断各因素的影响程度和责任部门并非易事。此外，标准成本法侧重生产过程中的成本控制，对于产品研发、销售等其他环节的成本管理覆盖相对不足。

（四）生命周期成本法

1.生命周期成本法的原理

生命周期成本法是从产品或服务的整个生命周期出发，考虑从研发、设计、生产、销售、使用到报废处理等各个阶段所发生的全部成本。它不仅关注生产阶段的成本，还将产品研发、售后服务和环境成本等纳入成本管理范畴。例如，对于一款新型电子产品，组织在研发阶段需要投入大量资金进行技术研究和产品设计；生产阶段涉及原材料采购、生产制造等成本；销售阶段有营销推广、渠道建设等费用；使用阶段可能产生售后维修、客户服务成本；报废阶段则需考虑环保处理成本。组织通过对产品生命周期各个阶段成本的综合考量，能够实现对产品总成本的全面把控。

2.生命周期成本法的应用步骤

（1）确定生命周期阶段

组织应当明确产品或服务所经历的各个阶段，如研发、设计、生产、销售、使用、报废等。不同类型的产品或服务的生命周期阶段划分可能略有差异，但总体涵盖从诞生到淘汰的全过程。例如，一款软件产品的生命周期包括需求分析、设计开发、测试上线、运营维护和最终的系统退役等阶段。

（2）成本要素识别

组织应当针对每个生命周期阶段，识别出与之相关的所有成本要素。这需要组织对各阶段的业务活动进行详细分析，考虑直接成本和间接成本。在研发阶段，成本要素包括研发人员薪酬、研发设备购置费用、专利申请费用等；在生产阶段，成本要素涵盖原材料成本、生产设备折旧、工人工资等。

（3）成本估算与预测

组织应当运用合适的方法对各阶段的成本进行估算和预测。对于已经发生过类似项目的阶段，组织可以参考历史数据进行估算；对于创新性较强的阶段，组织需要采用市场调研、专家评估等方法进行预测。例如，在预测新产品的售后维修成本时，组织可以通过对类似产品的售后维修数据进行分析，结合新产品的技术特点和预计销售量，估算出可能的维修成本。

（4）成本控制与决策

组织应当根据生命周期成本的估算结果，进行成本控制和决策。在产品设计阶段，如果发现某个设计方案会导致生产和售后成本过高，则组织可以考虑调整设计；在销售阶段，如果发现营销渠道成本过高但效果不佳，则组织可以优化渠道策略。组织应当通过对各阶段成本的综合权衡，作出最优决策，以降低产品的整体生命周期成本。

3.生命周期成本法的优势与局限性

（1）生命周期成本法的优势

生命周期成本法有助于组织从整体上优化成本管理，避免只关注生产阶段成本而忽视其他阶段成本的情况，从而实现总成本的降低。例如，组织在产品设计阶段投入更多成本进行优化，虽然可能增加研发成本，但可以显著降低生产和售后成本，从长期来看能够降低产品的总成本。此外，这种方法有利于提高产品的可持续性，因为它考虑了产品报废处理等环境成本，促使组织在产品设计和生产过程中更加注重环保与资源回收利用。

（2）生命周期成本法的局限性

生命周期成本法的实施难度较大，因为它需要组织对产品或服务的整个生命周期进行全面跟踪和分析，涉及多个部门和较长的时间跨度，数据收集和整理工作较为复杂。而且，对于一些未来不确定因素较多的阶段，如新产品的市场需求和使用寿命等，成本预测的准确性难以保证。例如，生命周期成本法难以准确预估一款全新概念的电子产品在市场上的接受程度和使用年限，这会影响组织对售后维修成本和报废处理成本的预测精度。

（五）责任成本法

1.责任成本法的原理

责任成本法是以责任中心为对象，对其在生产经营过程中所发生的成本进行核算、控制和考核的一种方法。它将成本与责任紧密结合，根据谁负责、谁承担的原则，将成本划分为不同责任中心的责任成本。责任中心可以是部门、车间、班组甚至个人，每个责任中心都有明确的职责和权限，对其可控成本负责。例如，生产车间作为一个责任中心，对本车间所消耗的原材料、人工和制造费用等可控成本承担责任；销售部门则对销售费用、销售提成等可控成本负责。

2.责任成本法的应用步骤

（1）划分责任中心

组织应当根据自身结构和业务流程，划分若干个责任中心，明确每个责任中心的职责范围和可控成本项目。责任中心的划分应遵循责、权、利相结合的原则，确保每个责任中心能够对其可控成本进行有效管理。例如，组织可以将采购部门划分为一个责任中心，其职责是负责原材料的采购，可控成本包括采购价格、运输费用、采购人员薪酬等。

（2）确定责任成本指标

组织应当为每个责任中心制定相应的责任成本指标，这些指标应具有可衡量性和可考核性。责任成本指标可以是成本总额、单位成本、成本降低率等。例如，组织可以为生产车间制定单位产品原材料消耗成本指标和人工成本降低率指标，作为考核车间责任成本控制绩效的依据。

（3）责任成本核算

组织应当对每个责任中心的成本进行单独核算，记录和归集责任中心所发生的各项可控成本。在核算过程中，组织要确保成本数据的准确性和及时性，以便为成本控制和考核提供可靠依据。例如，组织通过成本核算系统，对销售部门的各项费用进行分类归集，明确销售部门的责任成本。

（4）成本控制与考核

各责任中心根据责任成本指标，对成本进行控制和管理。在实际执行过程中，责任中心应当将实际责任成本与责任成本指标进行对比分析，及时发现差异并采取措施加以纠正。组织应当定期对责任中心的责任成本控制绩效进行考核，根据考核结果进行奖惩，激励责任中心积极降低成本。如果生产车间的单位产品原材料消耗成本低于责任成本指标，则组织应给予一定的奖励；反之，则组织应进行相应的处罚。

3.责任成本法的优势与局限性

（1）责任成本法的优势

责任成本法能够明确各责任中心的成本控制责任，增强员工的成本意识和责任感。组织通过将成本控制与绩效考核挂钩，能够有效激励员工积极采取措施降低成本，提高成本管理的效率和效果。例如，在责任成本法下，每个员工都清楚自己所在责任中心的成本控制目标，主动关注成本节约，从而形成良好的成本管理氛围。

（2）责任成本法的局限性

准确划分责任中心和确定可控成本存在一定难度。在实际业务中，有些成本可能由多个责任中心共同承担，难以清晰划分责任，而且随着业务的变化和环境的影响，可控成本的范围也可能发生变化。例如，当市场原材料价格大幅波动时，采购部门对采购成本的可控性会受到影响，这可能导致责任成本考核的不公平。此外，责任成本法可能导致责任中心过于关注自身成本控制，而忽视整体利益的协调，出现局部最优但整体并非最优的情况。

四、成本管理与控制方法应用挑战和应对策略

（一）数据质量与获取难度

1.数据质量与获取难度的挑战

准确的成本管理与控制依赖高质量的数据，但在实际操作中，数据的准确性、完整性和及时性往往难以保证。数据可能来自不同的部门和系统，存在格式不统一、数据缺失、更新不及时等问题。例如，生产部门记录的原材料消耗数据可能与财务部门的成本核算数据不一致，导致成本计算出现偏差；采购部门的供应商价格数据未能及时更新，影响了成本分析的准确性。而且，组织在获取一些间接成本数据时，如设备维护成本在不同产品之间的分摊数据，也许会耗费大量的时间和人力进行收集与整理。

2.数据质量与获取难度的应对策略

组织应当构建一体化的数据管理架构，整合各部门的数据，确保数据的一致性和准确性。组织应当通过制定数据标准和规范，明确数据的录入格式、更新频率和责任部门，加强对数据质量的管控。同时，组织应当利用信息技术手段，如自动化数据采集系统、数据接口技术等，实现数据的实时获取和传输，减少人工干预，提高数据的及时性。

（二）员工成本意识与参与度

1.员工成本意识与参与度的挑战

成本管理与控制不只是财务部门的工作，还需要全体员工的参与和配合。然

而，部分员工对成本管理的重要性认识不足，缺乏成本意识，在工作中存在浪费资源、忽视成本控制的现象。例如，生产工人在操作过程中不注意节约原材料，随意丢弃剩余材料；办公人员在日常办公中，存在长明灯、长流水等浪费能源的行为。而且一些员工认为成本管理与自己的工作无关，对成本管理措施的执行缺乏积极性和主动性。

2.员工成本意识与参与度的应对策略

组织应当加强成本管理知识的培训和宣传，提高员工的成本意识。组织应当通过组织培训课程、开展成本管理知识竞赛、发布内部宣传资料等方式，让员工了解成本管理的方法和意义，认识到自己的工作与成本控制息息相关。组织应当建立有效的激励机制，将成本控制绩效与员工的薪酬、晋升、奖励等挂钩，激发员工参与成本管理的积极性。例如，组织可以设立成本节约奖励制度，对在成本控制方面表现突出的部门和个人给予物质奖励与精神表彰；在绩效考核中，组织可以将成本控制指标纳入员工的考核体系，对成本控制不达标的员工进行相应的绩效扣分。此外，组织应当鼓励员工提出成本节约的合理化建议，对被采纳的建议给予肯定，营造全员参与成本管理的良好氛围。

（三）外部环境变化的影响

1.外部环境变化的挑战

外部环境如市场需求、原材料价格、政策法规等的变化给成本管理与控制带来了不确定性。市场需求的波动可能导致产品销售量不稳定，影响生产计划和成本分摊；原材料价格的上涨会直接增加生产成本，使原本制定的成本控制目标难以实现；政策法规的调整，如环保政策的加强，要求组织增加环保设备投入和环保处理成本。

2.外部环境变化的应对策略

组织应当建立外部环境监测机制，及时收集和分析市场动态、行业信息、政策法规变化等，提前预测外部环境变化对成本的影响。例如，组织可以通过订阅行业报告、关注政府部门发布的政策信息、与供应商保持密切沟通等方式，获取相关信息。组织应当根据外部环境变化，及时调整成本管理与控制策略。对于原材料价格上涨的情况，可以通过与供应商协商长期合作价格、寻找替代原材料、优化采购渠道等方式降低采购成本；对于市场需求波动的情况，可以采用灵活的生产计划和库存管理策略，如根据订单需求进行生产，避免过度生产导致库存积压、成本增加。同时，组织应当加强技术创新和管理创新，降低单位产品成本，以应对外部环境变化带来的成本压力。例如，组织可以通过技术改造，提高生产设备的自动化水平，减少人工成本，从而降低产品成本。

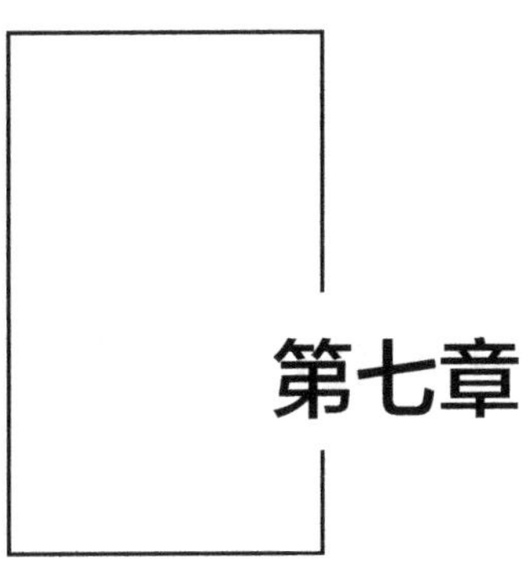

第七章

资金融通与资源配置管理

第一节　资金融通渠道与方式

在社会经济活动的复杂体系中，资金融通对于组织维持各项事务的正常运转和推动事业发展起着关键作用。无论是开展日常工作、推进重大项目建设，还是提升服务质量与效率，都离不开充足的资金支持。而多元化的资金融通渠道与方式，为组织获取所需资金提供了多种途径。

一、资金融通的重要意义

（一）保障业务持续开展

稳定的资金流是维持组织日常工作顺利进行的基础。以开展公共服务项目为例，从项目的策划、筹备到具体实施的各个阶段，都需要资金的投入。例如，在组织大型公益活动时，组织需要将资金用于场地租赁、活动宣传、物资采购、人员组织等方面。如果缺乏足够的资金，活动可能无法顺利举办，达不到预期的效果。同样，在日常办公中，水电费支付、办公设备采购与维护、员工培训等，都依赖于持续的资金供应。资金融通借助多种渠道汇聚资金，确保这些业务活动能够不间断地进行，为组织长期稳定发展提供保障。

（二）推动项目高效实施

对于大型项目而言，充足的资金是项目成功实施的关键。以建设一所大型的公共图书馆为例，从项目的规划设计、土地购置、建筑施工，到内部装修、设备采购、图书资源配置等环节，都需要大量的资金支持。倘若在项目推进期间，资金出现短缺，则可能导致工程进度延误、施工质量下降，甚至项目停滞。资金融通能够为项目提供所需的大额资金，确保项目按照预定计划顺利推进，按时交付使用，发挥其应有的社会价值。

（三）促进资源合理配置

资金融通在引导资源合理配置方面发挥着重要作用。通过不同的融资渠道和方式，资金应流向最需要的领域和项目。例如，在面对教育资源分配不均的问题时，通过资金融通筹集到的资金可以优先投入教育资源匮乏地区的学校建设、师资培训、教学设施改善等方面，促进教育资源的均衡发展。同样，在医疗层面，资金可以流向医疗设施薄弱的地区，用于建设医院、购置先进医疗设备、培养专业医疗人才，提高医疗服务的可及性和质量。资金融通使资源能够根据社会需求进行优化配置，增强资源运用效能，推动社会整体发展。

（四）增强应对风险能力

组织在发展过程中，不可避免地会面临各种风险，如自然灾害、政策调整、经济波动等。充足的资金储备和灵活的资金融通能力能够增强组织应对这些风险的能力。例如，当遇到突发的自然灾害时，如地震、洪水等，组织需要将资金用于救援物资采购、受灾群众安置、基础设施修复等。如果具备良好的资金融通渠道，组织就能够迅速筹集到所需资金，及时开展救援和恢复工作，减少灾害带来的损失。在面对政策调整或经济波动时，如财政补贴政策的变化或经济下行压力导致的资金紧张，组织也可以通过其他融资方式补充资金，维持正常运转，避免因资金链断裂而陷入困境。

二、常见的资金融通渠道与方式

（一）财政拨款

1.财政拨款的来源与分配机制

财政拨款是资金融通的重要渠道之一，其资金主要来源于财政收入，包括税收收入、非税收入、政府性基金收入等。财政部门根据国家政策、社会发展规划和公共服务需求等因素，对资金进行分配和拨付。在分配过程中，财政部门会综合考虑各个方面的需求和优先顺序。例如，对于涉及民生保障、公共安全、教育、医疗等重点领域的项目，财政部门通常会给予较高的资金支持优先级。财政部门会根据项目的预算申请和实际进展情况，按照一定的审批流程和拨款方式，将资金拨付给相关单位。拨款方式可以分为一次性拨款、按项目进度分期拨款等。对于一些短期、小型的项目，财政部门可能会采用一次性拨款的方式，以简化流程，提高资金使用效率；而对于大型、长期的项目，为了确保资金的合理使用和项目的顺利推进，财政部门通常会采用按项目进度分期拨款的方式，根据项目的阶段性成果和实际资金需求进行拨款。

2.财政拨款的特点与优势

财政拨款具有稳定性和长期性的特点。项目一旦获得财政拨款支持，在实施期间通常能够得到相对稳定的资金供应，这为项目的持续开展提供了可靠保障。例如，由于一些基础性的科研项目的研究周期长、成果转化慢，但对国家的长远发展具有重要意义，财政拨款能够在较长时间内为这些项目提供稳定的资金支持，使其不受短期市场波动的影响。此外，财政拨款一般不需要偿还本金和利息，这大大减轻了资金使用方的财务负担。这对于一些社会效益显著但经济效益相对较低的项目，如公共文化设施建设、环境保护项目等，具有重要意义。这些项目难以通过其他融资方式获得足够的资金支持，而财政拨款能够满足其资金需求，促进社会公共事业的发展。

3.申请财政拨款的要点与流程

申请财政拨款需要遵循一定的要点和流程。首先，组织要明确项目的性质和目标，确保项目符合财政资金的支持方向和范围。例如，项目必须具有社会公共服务属性、符合国家产业政策和发展战略。其次，组织要编制详细、合理的项目预算。预算编制要准确、全面，包括项目所需的各项费用支出，如设备购置费用、人员薪酬、场地租赁费用等，并提供充分的预算依据和说明。在申请流程方面，组织通常需要先向当地财政部门或相关主管部门提交项目申请报告，报告中应包括项目的背景、目标、实施方案、预算安排、预期效益等内容。主管部门会对申请项目进行初步审核，在审核通过后，会组织专家进行评审，对项目的可行性、合理性、预算准确性等方面进行评估。根据专家评审意见，财政部门最终确定是否给予拨款及拨款额度。例如，某组织计划建设一座公共图书馆，在申请财政拨款时，该组织需要详细说明建设图书馆的必要性、服务对象和范围、图书馆的功能布局和设施配备、建设成本预算，以及建成后对当地文化事业发展的预期效益等。经过主管部门审核和专家评审后，财政部门根据评审结果和财政资金的安排情况，确定是否给予拨款及拨款的具体金额。

（二）银行贷款

1.银行贷款的类型与特点

银行贷款是一种常见的资金融通方式，根据贷款用途、还款方式、担保方式等的不同，可以分为多种类型。银行贷款按贷款用途可分为流动资金贷款、固定资产贷款等。流动资金贷款主要用于满足日常运营中的资金周转需求，如采购物资、支付水电费等，其贷款期限一般较短，通常在一年以内。固定资产贷款则用于购置固定资产、进行基础设施建设等，贷款期限较长，一般在一年以上，甚至可达数年或数十年。银行贷款按还款方式可分为等额本息还款、等额本金还款、到期一次性还本付息等。等额本息还款方式是指每月还款金额固定，其中包含部分本金和利息，还款初期利息占比较大，后期本金占比逐渐增加；等额本金还款方式是指每月还款本金固定，利息随着本金的减少而逐月递减，每月还款总额逐月递减；到期一次性还本付息则是在贷款到期时一次性偿还全部本金和利息，这种还款方式适用于短期贷款或资金周转较为灵活的情况。银行贷款按担保方式可分为信用贷款、担保贷款、抵押贷款等。信用贷款是银行根据借款人的信用状况发放的贷款，借款人无须提供抵押物或担保，但银行对借款人的信用要求较高；担保贷款是由第三方为借款人提供担保的贷款，当借款人无法按时偿还贷款时，担保人承担还款责任；抵押贷款则是借款人以自己的财产（如房产、土地、设备等）作为抵押物向银行申请贷款，当借款人违约时，银行有权处置抵押物以收回贷款本息。银行贷款的特点是资金来源稳定，贷款额度相对较大，能够满足较大规模的资金需求。同时，贷款手续相对规范，银行会对借款人的信用状况、还款能力等进行严格审核，确保贷款的安全性。

2.申请银行贷款的条件与流程

申请银行贷款需要满足一定的条件。首先，借款人要有良好的信用记录，信用记录是银行评估借款人信用风险的重要依据。银行会通过查询借款人的信用报告，了解其过去的信用表现，如是否有逾期还款、欠款未还等不良记录。其次，借款人要有稳定的收入来源和还款能力。银行还要求借款人提供相关的财务报表、收入证明等资料，以评估其还款能力。例如，对于有稳定财政拨款或其他收入来源的情况，银行会关注其收入的稳定性和金额大小。其次，不同类型的贷款还要求借款人满足其他特定条件。例如，固定资产贷款需要借款人提供项目的可行性研究报告、项目立项批复文件等。就申请流程而言，借款人首先要向银行提出贷款申请，并提交相关的申请材料。银行在收到申请后，会对申请材料进行审核，包括对借款人的信用状况、还款能力、贷款用途等方面的审查。若审核合格，银行会与借款人进行沟通，确定贷款金额、贷款期限、利率、还款方式等贷款条款，并签订贷款合同。在合同签订后，银行会按照合同约定的方式和时间将贷款发放给借款人。例如，某组织申请流动资金贷款，需要向银行提交营业执照、税务登记证、财务报表、贷款申请书等材料。银行在审核过程中，会对该组织的财务状况进行详细分析，评估其还款能力和信用风险。如果审核通过，银行会与该组织协商确定贷款金额为500万元，贷款期限为一年，年利率为5%，还款方式为等额本息还款。在双方签订贷款合同后，银行将500万元贷款发放到该组织指定的账户。

3.银行贷款的风险与应对措施

银行贷款虽然是一种重要的资金融通方式，但也存在一定的风险。对于借款人来说，主要风险在于还款压力较大，如果收入出现波动或遇到意外情况导致资金紧张，则借款人可能无法按时足额偿还贷款本息，从而面临逾期还款、信用受损等风险。对于银行来说，主要风险在于贷款违约风险，如果借款人无法按时还款，银行可能会面临资金损失。为了规避这些风险，借款人在申请贷款时要合理评估自己的还款能力，确保贷款金额和还款期限与自身的收入水平和资金状况相匹配。同时，借款人要制订合理的还款计划，确保按时足额还款。例如，借款人可以根据自己的收入情况，合理安排每月的还款金额，避免因还款压力过大而导致逾期还款。银行在发放贷款时，要加强对借款人的信用评估和风险审核，严格控制贷款发放条件，确保贷款资金的安全性。此外，银行还可以通过要求借款人提供担保、抵押物等方式，降低贷款风险。例如，对于信用风险较高的借款人，银行可以要求其提供房产、土地等抵押物作为担保，当借款人无法按时还款时，银行可以通过处置抵押物来收回贷款本息。

（三）债券融资

1.债券的种类与特点

债券是一种债务凭证，发行人通过发行债券向投资者筹集资金，并按照约定的利率和期限向投资者支付利息、偿还本金。债券的种类繁多，根据发行主体的不同，可分为政府债券、金融债券和其他类型的债券等。政府债券是政府为筹集资金而发行的债券，包括国债、地方政府债券等。国债由中央政府发行，信用风险极低，通常被视为无风险债券，其利率相对较低。地方政府债券由地方政府发行，用于地方基础设施建设、公共服务等项目，信用风险相对较低，但略高于国债。金融债券是由银行和非银行金融机构发行的债券，其信用风险一般介于政府债券和其他类型债券之间，利率也处于中间水平。债券根据付息方式，可分为固定利率债券、浮动利率债券和零息债券等。固定利率债券在债券存续期内，利率保持不变，投资者可以准确预知未来的利息收益；浮动利率债券的利率根据市场利率的变化而调整，能够在一定程度上降低利率风险；零息债券则不支付利息，而是以低于面值的价格发行，到期按面值偿还本金，投资者的收益来自债券面值与发行价格的差额。债券融资的特点是融资成本相对较低，尤其是对于信用等级较高的发行人来说，能够以较低的利率筹集到资金。同时，债券融资具有一定的灵活性，发行人可以根据自身的资金需求和市场情况，选择合适的债券种类、期限和利率等。

2.债券发行的条件与流程

债券发行需要满足一定的条件。对于不同类型的债券，发行条件有所不同。以发行一般债券为例，发行人通常需要具备良好的信用状况，其信用评级要达到一定级别以上，如AA级及以上。同时，发行人要有稳定的资金来源和偿债能力，财务状况良好。例如，发行人要有稳定的财政拨款或其他收入来源，且债务负担在合理范围内。此外，发行人还需要符合相关的法律法规和政策要求，如对债券发行规模、用途等方面的规定。在债券发行流程方面，首先，发行人要聘请专业的承销商，承销商负责债券的发行策划、销售等工作。然后，发行人要进行信用评级，由专业的信用评级机构对发行人的信用状况进行评估，并出具信用评级报告。信用评级报告是投资者判断债券风险和收益的重要依据。接下来，发行人要准备相关的发行文件，如募集说明书、财务报表等，并向监管机构提交发行申请。监管机构会对发行申请进行审核。当审核通过后，发行人在承销商的协助下，确定债券的发行价格、利率、期限等发行条款，并进行债券的公开发行或定向发行。例如，某组织计划发行债券，首先聘请了一家知名的金融机构作为承销商。然后，该组织委托专业的信用评级机构进行信用评级，信用评级机构经过评估后，给予该组织AA+的信用评级。该组织在准备好募集说明书、近三年的财务报表等发行文件后，向相关监管机构提交发行申请。当监管机构审核通过后，该组织与承销商共同确定债券的发行价格为98元/张，票面利率为5%，期限为5年，采用公开发行的方式面向社会投资者发行债券。

3.债券融资的风险与防范措施

债券融资存在一定的风险。对于投资者来说，主要风险在于信用风险和利率风险。信用风险是指发行人可能无法按时足额支付利息和偿还本金的风险，如果发行人的资金状况恶化或出现财务危机，则可能会导致债券违约。利率风险是指市场利率的变化可能会影响债券的价格和收益。当市场利率上升时，债券价格会下降，投资者可能会面临资本损失。对于发行人来说，主要风险在于融资成本上升和偿债压力增加。如果市场利率上升，发行人在后续发行债券或进行债务融资时，可能需要支付更高的利率，从而增加了融资成本。同时，如果发行人的资金状况不佳，则其可能无法按时足额偿还债券本息，面临违约风险。为了防范这些风险，投资者在投资债券时，要充分了解发行人的信用状况、财务状况和资金来源，仔细研究债券的发行条款和风险提示。投资者可以通过分析发行人的信用评级报告、财务报表等资料，评估债券的信用风险。同时，投资者要关注市场利率的变化趋势，合理调整投资组合，降低利率风险。例如，投资者可以选择信用评级较高的债券进行投资，或者通过分散投资不同期限、不同类型的债券，降低单一债券的风险。发行人在进行债券融资时，要合理安排融资规模和期限，确保融资成本在可承受范围内。同时，发行人要加强自身的资金管理，提高资金使用效率，确保自身有足够的资金按时偿还债券本息。例如，发行人可以根据自身的资金需求和资金状况，合理确定债券的发行规模和期限，避免过度融资。在债券存续期内，发行人要定期向投资者披露财务信息和资金使用情况，提高信息透明度，增强投资者的信任。

（四）社会捐赠

1.社会捐赠的形式与来源

社会捐赠是资金融通的一种特殊方式，它主要来源于个人、机构、慈善组织、基金会等社会各界的爱心奉献。捐赠形式多样，包括现金捐赠、物资捐赠、无形资产捐赠等。现金捐赠是最为常见的形式，捐赠者直接向受赠方提供一定金额的现金，用于支持其各项事业的发展。物资捐赠则是捐赠者捐赠各类物资，如办公设备、图书、医疗用品、救灾物资等，以满足受赠方在特定领域的需求。无形资产捐赠相对较少，主要包括专利技术、商标使用权等，这些无形资产可以为受赠方带来潜在的经济效益或提升其社会影响力。社会捐赠的来源广泛，个人捐赠者可能出于对公益事业的热爱、对特定项目的关注或个人情感等原因进行捐赠；机构捐赠则可能是出于履行社会责任、提升机构形象、与受赠方建立合作关系等目的；慈善组织和基金会通常会通过募集资金的方式，将社会各界的捐款汇聚起来，再定向捐赠给有需要的受赠方。

2.吸引社会捐赠的策略与方法

要想吸引社会捐赠，组织需要制定有效的策略和方法。首先，组织要明确自身的公益使命和项目目标，确保项目具有社会价值和吸引力。组织要清晰地向社会各界传达所从事的事业对社会的积极影响，让捐赠者了解他们的捐赠将如何改善社会现状或帮助特定群体。例如，对于一个致力于改善贫困地区教育条件的项目，组织可以详细介绍当地学校的现状、学生面临的困难和项目实施后将带来的改变，如提高学生的入学率、提高教学质量等，从而激发捐赠者的爱心和责任感。其次，组织要建立良好的品牌形象和公信力。组织可以通过透明的财务管理、规范的项目运作和及时的信息反馈，赢得捐赠者的信任；可以定期公布捐赠资金的使用情况、项目进展和成果，接受社会监督。例如，组织可以设立专门的网站或社交媒体账号，及时发布项目动态和财务报告，让捐赠者随时了解自己的捐赠去向和使用效果。此外，组织还可以通过举办各种公益活动、开展合作交流等方式，加强与社会各界的互动和联系，提高自身的知名度和社会影响力。例如，组织可以举办慈善晚会、公益义卖等活动，吸引更多人关注自身项目，同时与其他公益组织、机构等开展合作，扩大社会资源的整合范围。组织通过这些策略和方法，能够增加自身对社会捐赠的吸引力，获得更多的资金和物资支持。

3.管理和运用社会捐赠的要点

有效管理和运用社会捐赠资金与物资，对于充分发挥社会捐赠的价值十分重要。在资金管理方面，组织要建立健全严格的财务管理制度，确保捐赠资金专款专用，防止资金被挪用或被滥用。组织要设立专门的捐赠资金账户，对每一笔资金的收支进行详细记录和审计。例如，对于用于建设学校的捐赠资金，组织要确保资金全部用于学校的建筑施工、设备采购、师资培训等相关方面，不得挪作他用。同时，组织要定期对捐赠资金的使用情况进行公示，接受捐赠者和社会的监督。在物资管理方面，组织要建立完善的物资接收、存储和分发机制。组织要对捐赠物资进行详细登记，包括物资的种类、数量、质量等信息。组织要合理安排物资的存储，确保物资的安全和完好。在分发物资时，组织要根据实际需求，公平、公正地将物资分配到各个需要的地方。例如，在救灾物资的分发中，组织要根据受灾地区的受灾程度、受灾人数等因素，合理分配帐篷、食品、饮用水等物资，确保受灾群众能够及时得到救助。此外，组织还要注重对捐赠者的反馈和答谢，及时向捐赠者告知捐赠资金和物资的使用情况，表达对捐赠者的感激之情，维护良好的捐赠关系。①

（五）政府专项基金

1.政府专项基金的设立目的与范围

政府专项基金是政府为了支持特定领域、特定项目或特定群体而设立的专项资金。其设立目的具有明确的针对性，旨在推动某些重点领域的发展、解决特定的社会问题或促进特定群体的福利改善。例如，为了推动科技创新，政府可能设立科技创新专项基金，用于支持科研机构和团队开展前沿科技研究、科技成果转化等项目。为了促进文化产业的发展，政府可能设立文化产业专项基金，扶持文

① 邹旺健.论规范预算单位会计基础工作的必要性与应对措施[J].中国集体经济,2024(32):169-172.

化单位的发展、文化项目的创作与推广等。

政府专项基金的支持范围涵盖多个领域，包括教育、医疗、环保、农业、扶贫等。在教育领域，专项基金可以用于改善学校的教学条件、资助贫困学生、开展教育科研项目等；在医疗领域，专项基金可以用于支持医疗机构的设备更新、开展医学科研项目、提高基层医疗服务水平等；在环保领域，专项基金可以用于环境污染治理项目、生态保护与修复项目等；在农业领域，专项基金可以用于支持农业科技创新、农业产业发展、农村基础设施建设等；在扶贫领域，专项基金可以用于贫困地区的产业扶贫项目、教育扶贫项目、健康扶贫项目等。

2.申请政府专项基金的要求与流程

申请政府专项基金需要满足一系列严格的要求。首先，项目必须符合专项基金的支持方向和范围，具有明确的目标和切实可行的实施方案。例如，申请科技创新专项基金的项目必须具有创新性和前瞻性，能够解决行业内的关键技术问题或带来显著的经济效益和社会效益。其次，申请主体通常需要具备一定的条件，如具备相应的资质、能力和经验。例如，申请文化产业专项基金的组织需要具备丰富的文化项目策划和实施经验，有专业的团队和良好的财务状况。最后，申请主体在申请过程中还需要提供详细的项目计划书、财务预算报告、项目预期成果等资料。

在申请流程方面，申请主体一般需要先在政府指定的平台或部门进行项目申报，提交相关申请材料。政府部门会对申请材料进行初审，筛选出符合基本条件的项目进入评审环节。政府部门在评审环节通常会邀请相关领域的专家组成评审委员会，对项目的可行性、创新性、社会效益等方面进行综合评估。政府部门根据评审结果，确定最终获得专项基金支持的项目，并公示结果。例如，某组织计划申请环保领域的政府专项基金，用于开展河流污染治理项目。首先，该组织需要在政府环保部门指定的网站上进行项目申报，提交项目计划书，详细说明项目的背景、目标、治理方案、预期效果等内容，同时提交财务预算报告，明确项目所需的资金预算和资金使用计划。其次，政府环保部门在对申请材料进行初审后，组织专家对通过初审的项目进行评审。最后，在专家评审后，环保部门根据评审结果确定获得专项基金支持的项目，并在官方网站上公示。

3.政府专项基金的使用与监管

政府专项基金的使用必须严格遵循相关规定和要求，确保资金使用的合理性和有效性。在使用过程中，项目实施方要按照项目计划书和财务预算安排资金的使用，不得擅自改变资金用途。例如，获得教育专项基金支持的学校必须按照申请时的计划，将资金用于改善教学设施、培训教师、资助学生等方面，不得将资金用于与教育教学无关的其他支出。同时，项目实施方要建立健全财务管理制度，对专项基金的收支情况进行详细记录和核算。政府部门会对专项基金的使用情况进行严格监管，定期或不定期地对项目实施方进行检查和审计。检查内容包括项目进展情况、资金使用情况、项目成果等方面。如果发现项目实施方存在违规使用专项基金的情况，政府部门将采取相应的措施，如责令整改、追回已拨付的资金、取消项目资格等。例如，政府部门在对某获得科技创新专项基金支持的项目进行检查时，发现项目实施方擅自将部分资金用于购买与项目无关的办公设备，须立即责令其整改，并追回违规使用的资金。严格的监管能够确保政府专项基金真正发挥其应有的作用，推动相关领域的发展和社会问题的解决。

（六）国际援助

1.国际援助的类型与来源

国际援助是指一个国家或国际组织向其他国家或地区提供的资金、物资、技术或人力等方面的支持。国际援助的类型丰富多样，包括发展援助、人道主义援助、技术援助等。发展援助主要是为了帮助受援地区促进经济发展、提高社会福利水平，如国际组织为发展中国家提供的基础设施建设资金、农业技术培训项目等。人道主义援助则主要是在发生自然灾害、战争冲突等紧急情况时，为受灾群众提供紧急救援物资、医疗救助、临时住所等。例如，在某地区发生地震后，国际社会纷纷提供帐篷、食品、药品等物资，派出医疗救援队伍。技术援助是指提供先进的技术、管理经验和专业知识，帮助受援地区提升自身的发展能力。例如，发达国家向发展中国家派遣专家团队，指导其进行工业生产技术改进、城市规划等。国际援助的来源主要包括国际组织，如联合国及其下属机构、世界银行、国际货币基金组织等；各国政府，许多发达国家会通过官方渠道向发展中国家提供援助；国际非政府组织，如红十字会、乐施会等。这些组织通过筹集社会资金，开展各种援助项目。

2.获取国际援助的途径与条件

获取国际援助需要通过一定的途径并满足相应的条件。常见的途径包括与国际组织建立联系，积极参与其发起的援助项目申请。例如，某国家向联合国相关机构提交项目计划书，申请其对某一社会发展项目的资金和技术支持。受援方也可以通过各国政府间的外交渠道，争取双边援助。例如，受援方可以与友好国家的政府进行沟通，寻求其在特定领域的援助。此外，与国际非政府组织合作也是获取国际援助的重要途径，受援方可以通过参与其组织的公益活动或项目合作，获得援助资源。在条件方面，受援方通常需要明确自身的需求和发展目标，制订详细的项目计划，展示项目的可行性和可持续性。例如，在申请国际发展援助时，受援方要详细说明项目对当地经济发展和社会改善的预期贡献，以及项目实施后的可持续运营计划。同时，受援方还需要具备一定的项目实施能力和管理水平，能够有效地运用援助资源。例如，受援方应当具备完善的财务管理体系，确保援助资金的合理使用；具备专业的项目执行团队，能够按照计划推进项目实施。此外，受援地区的政治稳定、社会环境等因素也会影响国际援助的获取。例如，在政治动荡、战乱频发的地区，国际援助的给予可能会受到限制或更加谨慎。

3.国际援助的管理与合作要点

对国际援助进行有效的管理和开展良好的合作，是确保援助发挥最大效益的关键。在管理方面，受援方要建立专门的援助管理机构或机制，负责援助物资和资金的接收、分配、使用与监督。例如，受援方应当设立国际援助资金专用账户，对资金的流向进行严格监控，确保专款专用。同时，受援方要对援助物资进行妥善的存储和保管，按照实际需求合理分配。在合作要点方面，受援方要与援助提供方保持密切的沟通和协作，及时向援助提供方汇报项目进展情况、存在的问题和援助资源的使用情况，听取援助提供方的意见和建议。例如，受援方应当定期向国际组织提交项目进展报告，接受其指导和监督。此外，受援方要注重利用国际援助提升自身的能力建设。例如，在接受技术援助的过程中，受援方应当积极组织本地人员参与培训和学习，培养本土的专业技术人才，以便在援助结束后独立开展相关工作。有效的管理和良好的合作能够使国际援助更好地服务于受援地区的经济发展与社会进步。

三、资金融通渠道与方式的选择策略

（一）基于资金需求特性的选择

1.短期资金需求的适配方式

当面临短期资金周转需求时，如应对季节性业务高峰、支付短期债务等，组织需优先考虑灵活性高、审批流程快的融资方式。银行的短期流动资金贷款是较为常见的选择，这类贷款的手续相对简便，银行能够在较短时间内完成审批和放款，满足组织对资金的及时性需求。例如，在开展一次短期的大型公益活动前，组织需要迅速筹集资金用于活动场地租赁、宣传物料制作等。此时，组织可向银行申请短期流动资金贷款。此外，商业信用也是一种可行的短期融资途径。组织可以通过与供应商协商延长付款期限，在一定时间内无偿占用供应商的资金，缓解自身的短期资金压力。例如，组织与长期合作的物资供应商达成协议，将原本30天的付款期限延长至60天，从而在这段时间内获得资金的周转空间。

2.长期资金需求的适配方式

对于长期资金需求，如进行大规模的基础设施建设、开展长期的科研项目等，组织应选择能够提供长期稳定资金支持的融资渠道。银行的固定资产贷款可以提供较长的贷款期限和较大的贷款额度，满足此类需求。例如，在建设一所大型公共图书馆时，由于建设周期长、资金投入大，组织可向银行申请固定资产贷款，以确保项目在建设过程中有稳定的资金供应。债券融资也是一种适合长期资金需求的融资方式，组织通过发行长期债券，可以筹集到大量稳定的资金。例如，组织发行期限为 10 年的债券，为一项长期的城市环境改善项目筹集资金。此外，政府专项基金在某些特定领域也能为长期项目提供有力的资金支持。又如，组织申请到一项为期 5 年的环保专项基金，用于开展长期的生态保护与修复项目。

3.资金需求规模导向的选择

资金需求规模是组织选择融资方式的重要考量因素。当资金需求规模较小时，如进行小型设备购置、开展小规模的公益活动等，一些小额贷款机构或社会捐赠可能是较好的选择。小额贷款机构的贷款申请流程相对简单，能够快速满足小额资金需求。例如，为了购买一批小型办公设备，某组织向小额贷款机构申请一笔小额贷款。社会捐赠则可以通过向社会各界宣传项目的意义和需求，吸引个人或组织的小额捐赠，积少成多满足资金需求。对于中等规模的资金需求，如进行中型基础设施建设项目、开展一定规模的科研项目等，银行贷款和债券融资是较为合适的方式。银行贷款能够根据组织的信用状况和还款能力提供相应规模的资金支持。债券融资则可以通过合理设计债券发行规模和条款，筹集到所需的资金。当资金需求规模较大时，如进行大型城市建设项目、开展国家级重大科研项目等，除了银行贷款和债券融资外，组织还可以考虑争取政府专项基金和国际援助。政府专项基金对于符合国家战略和重点发展领域的大型项目，往往会给予大额的资金支持。国际援助在一些全球性问题或跨国合作项目中，也能提供重要的资金补充。例如，在开展一项大型的跨国环保项目时，组织可以通过争取国际组织的援助资金和政府专项基金，结合银行贷款和债券融资，确保项目有充足的资金保障。

（二）依据自身财务状况的抉择

1.资产负债状况影响下的选择

自身的资产负债状况对融资方式的选择具有重要影响。资产负债率较高，意味着组织已经承担了较大的债务负担，组织若在此时再进行债务融资，则可能会进一步增加财务风险。鉴于此，股权融资（在不涉及股权交易的场景下，我们可将其类比为引入合作伙伴共同出资等形式）或争取无须偿还本金的资金支持，如财政拨款、政府专项基金、社会捐赠等，可能是更为合适的选择。例如，组织在前期已经进行了大规模的基础设施建设，导致资产负债率较高，后续若要开展新的项目，组织应优先考虑申请政府专项基金或积极寻求社会捐赠，以避免进一步加重债务负担。反之，资产负债率处于较低水平，说明组织有较大的债务融资空间，组织可以适当利用债务融资，如银行贷款、债券融资等，发挥财务杠杆作用，提升资金运用效益。例如，资产负债率仅为30%，在有新的项目需求时，组织可以向银行申请贷款或发行债券，利用债务资金扩大项目规模，获取更多的发展机会。

2.收入稳定性与现金流状况的考量

收入稳定性和现金流状况也是选择融资方式的关键因素。如果具有稳定的收入来源，如稳定的财政拨款、长期的合作项目收益等，并且现金流状况良好，则组织具有较强的偿债能力，更容易获得银行贷款、债券融资等债务融资方式的支持。银行和投资者在评估融资申请时，会重点关注组织的收入稳定性和现金流情况，以确保其能够按时偿还债务本息。例如，组织长期承担着一项政府委托的公共服务项目，有稳定的财政拨款作为收入来源，在需要资金进行项目升级时，组织可以顺利地向银行申请贷款或通过发行债券筹集资金。反之，如果收入不稳定或现金流紧张，则债务融资可能会面临较大困难，且还款压力可能会进一步加重财务负担。此时，组织应优先考虑无须偿还本金或还款压力较小的融资方式，如财政拨款、社会捐赠、政府专项基金等。例如，某组织主要依靠临时性的项目收入，收入不稳定，在面临资金需求时，该组织应积极申请财政拨款或寻求社会捐赠，以缓解资金压力，避免因债务融资而陷入财务困境。

（三）综合融资成本与风险的决策

1.融资成本的全面剖析与比较

融资成本是组织在选择融资方式时必须重点考虑的因素之一。不同的融资方式具有不同的成本构成。银行贷款的融资成本主要包括贷款利息和相关手续费。贷款利息根据组织的信用状况、贷款期限和市场利率等因素确定，一般来说，信用状况越好、贷款期限越短，利率越低。手续费则包括贷款申请费、评估费等。债券融资的成本包括债券利息和发行费用。债券利息按照债券的票面利率和发行规模计算，发行费用涵盖承销费、律师费、审计费等。社会捐赠虽然不需要组织支付利息和本金，但在吸引捐赠过程中可能会产生一定的宣传、组织等费用。政府专项基金和财政拨款通常不需要组织支付利息，但组织在申请过程中可能需要投入一定的人力、物力进行项目策划和申报准备。在选择融资方式时，组织需要对各种融资方式的成本进行全面计算和比较。例如，在考虑银行贷款和债券融资时，组织要综合考虑贷款利息、手续费、债券利息、发行费用等因素，计算出实际的融资成本，选择成本较低的融资方式。同时，组织还要考虑融资成本的时间价值，即不同融资方式在不同还款期限下的成本差异。

2.风险评估与应对策略的制定

每种融资方式都伴随着一定的风险，在进行融资决策时，组织必须对风险进行充分评估，并制定相应的应对策略。银行贷款的主要风险在于还款风险，如果无法按时偿还贷款本息，组织可能会面临信用受损、资产被处置等风险。为应对这一风险，组织在申请贷款时要合理评估自身的还款能力，使贷款金额与还款期限契合自身收入和资金状况。同时，组织要制订科学的还款计划，提前做好资金储备，确保按时还款。债券融资的风险包括信用风险和利率风险。信用风险是指组织如果无法按时足额支付债券利息和偿还本金，会影响自身的信用评级，后续融资难度将会加大；利率风险是指市场利率的变化可能会导致债券融资成本的波动。为应对债券融资风险，组织要加强自身的信用建设，提高信用评级，降低信用风险；在发行债券时，组织可以通过合理设计债券条款，如选择固定利率或浮动利率、设置利率调整机制等，减小利率波动的影响。社会捐赠的风险主要在于捐赠的不确定性，组织可能无法获得预期的捐赠金额或物资。针对此风险，组织要持续加强自身的品牌建设和提升公信力，拓宽捐赠渠道，增加捐赠的稳定性。政府专项基金和财政拨款的风险相对较小，但也存在申请不通过或资金拨付延迟的情况。针对该风险，组织要提前做好项目规划和申请准备，确保项目符合基金的支持方向和要求，同时加强与相关部门的沟通协调，及时了解申请进展情况。组织通过全面评估融资风险并制定有效的应对策略，在选择融资方式时能够作出更加科学、合理的决策，确保在获取所需资金的同时，将风险控制在可接受程度。

第二节　资源配置决策与风险管理

在复杂多变的环境中，高效的资源配置决策与科学的风险管理对于组织实现稳健发展、达成营运目标至关重要。资源配置决策关乎组织如何将有限的人力、物力、财力等资源合理分配到各项活动和项目中，以追求最大的效益和价值。而风险管理则致力于识别、评估和应对可能影响组织正常运作和目标实现的各类风险。这两者相互关联、相互影响，共同构建起组织稳定运行和持续发展的基石。

一、资源配置决策的关键要素

（一）目标导向的资源规划

1.明确核心目标与子目标体系

清晰界定核心目标是资源配置的首要任务。核心目标是组织长远发展的方向指引。例如，某组织以提升特定区域的公共服务水平为核心目标，那么围绕这一目标，该组织需进一步构建详细的子目标体系。在教育领域，子目标可能包括提高适龄儿童入学率、提升教学质量、改善教育设施等；在医疗方面，子目标可涵盖增加医疗服务的可及性、提高疾病治愈率、优化医疗资源分配等。这些子目标相互关联、层层递进，共同支撑核心目标的实现。明确且细化的目标体系为资源配置提供了清晰的方向，确保资源能够精准地投入与目标紧密相关的活动和项目中。[①]

2.目标分解与资源需求映射

组织应当将核心目标和子目标分解成具体的工作任务和行动步骤，进而准确映射出每个阶段所需的资源类型和数量。以提高适龄儿童入学率这一子目标为例，组织需要新建若干所学校、招聘一定数量的教师、购置教学设备等。为新建学校，组织需确定土地资源的需求和建设资金的预算；招聘教师则涉及人力资源规划和薪酬预算；在购置教学设备时，组织要明确设备种类、数量和相应的采购资金。组织通过这种目标分解与资源需求映射的方式，能够直观地了解到实现各个目标所需的资源情况，为后续的资源配置决策提供详细且准确的依据。

（二）资源评估与分析

1.资源存量盘点

组织应当全面、细致地对现有资源进行盘点，包括人力资源、物力资源、财

① 王婷婷.预算管理在优化资源配置方面的路径探索[J].金融文坛,2024(04):69-71.

力资源等。在人力资源方面，组织应当统计人员数量、专业技能分布、工作经验等信息，了解员工的专业特长和潜在能力，为合理安排工作岗位和项目团队提供依据。对于物力资源，组织应当清查办公场地、设备设施、物资储备等的数量、质量和使用状况，掌握各类资产的实际情况，以便在资源配置时能够充分利用现有资源，避免重复购置和浪费。在财力资源方面，组织应当梳理资金储备、预算执行情况和各类收入来源，明确可支配资金的规模和结构，为资金的合理分配提供基础数据。

2.资源质量与适用性评估

组织不仅要关注资源的数量，更要对资源的质量和适用性进行深入评估。以设备设施为例，组织应当评估其性能是否满足当前工作和项目的需求，是否存在技术落后、老化损坏等问题。对于人力资源，组织应当分析员工的专业技能是否与业务需求相匹配，团队协作能力和工作效率如何。例如，在开展一项新技术研发项目时，现有的技术人员是否具备相应的专业知识和研发经验至关重要。组织通过对资源质量和适用性的评估，能够判断现有资源能否有效支持目标的实现，对于不适用或质量不达标的资源，及时进行调整或补充，确保资源配置的有效性。

3.资源需求预测

组织应当结合目标规划和业务发展趋势，对未来的资源需求进行科学预测。在预测过程中，组织应当考虑多种因素的影响，如业务拓展计划、政策法规变化、社会需求波动等。例如，随着人口老龄化程度的加剧，社会对养老服务的需求将持续增加，若涉及养老服务领域，组织就需要提前预测养老设施建设、护理人员配备、医疗资源投入等方面的未来需求。组织应当通过市场调研、数据分析、趋势预测等方法，尽可能准确地预估未来一段时间内的资源需求，为资源的提前储备和合理调配提供依据，避免因资源短缺或过剩导致的发展阻碍或浪费。

（三）成本效益分析

1.成本构成分析

组织应当对资源配置涉及的各项成本进行全面分析，包括直接成本和间接成本。直接成本是与资源获取和使用直接相关的费用，如购置设备的费用、支付员工的薪酬、采购原材料的资金等。间接成本则是一些相对隐性的费用，如设备的维护保养费用、员工的培训费用、因资源配置不合理导致的效率损失成本等。以建设一个新的项目为例，直接成本包括项目建设所需的建筑材料费用、施工人员工资、设备购置费用等；间接成本可能涵盖项目建成后的运营管理成本、施工期间对周边环境造成影响而产生的协调处理费用等。组织通过详细分析成本构成，能够清晰地了解资源配置的总成本情况，为后续的成本控制和效益评估提供基础。

2.效益评估指标体系构建

组织应当建立一套科学合理的效益评估指标体系，用于衡量资源配置所带来的效益。效益不仅包括经济效益，还应涵盖社会效益、环境效益等多个方面。在经济效益方面，可设置收入增长、成本降低、投资回报率等指标；在社会效益方面，组织应当关注服务对象满意度、社会公平性提升、社会影响力扩大等指标；在环境效益方面，组织应当考量资源节约、污染减排、生态保护等指标。例如，一个环保项目的效益评估指标体系可包括减少污染物排放的数量、改善生态环境的面积、周边居民对环境改善的满意度等。组织通过构建全面的效益评估指标体系，能够从多个维度对资源配置的效果进行评估，确保资源配置决策的综合性和科学性。

3.成本效益动态平衡考量

在资源配置过程中，组织要持续关注成本效益的动态平衡。随着时间的推移和环境的变化，资源配置的成本和效益可能会发生改变。例如，在项目实施初期，组织可能需要投入大量的资金进行基础设施建设和设备购置。此时，成本较高，但效益尚未显现。随着项目的推进和运营，组织逐渐产生经济效益和社会效益，成本效益比逐渐优化。在此期间，组织需要不断对成本效益进行评估和调整，根据实际情况合理调整资源配置策略。如果发现某个项目的成本超出预期，而效益却未达到预估水平，组织就需要分析原因，采取相应措施，如优化项目流程、降低成本投入或调整资源分配方向，以实现成本效益的动态平衡，确保资源配置的合理性和可持续性。

二、风险管理的流程与策略

（一）风险识别

1.内部风险源排查

组织应当对内部运营过程中可能存在的风险源进行全面排查。在人力资源方面，组织可能面临人员流失、员工技能不足、团队协作不畅等风险。例如，关键岗位人员的突然离职可能导致工作中断、项目延误；员工技能与业务需求不匹配可能影响工作效率和质量。在财务管理方面，组织可能存在资金短缺、预算超支、财务风险控制不当等风险。例如，资金链断裂可能使组织无法正常开展业务；预算编制不合理或执行不到位可能导致资源浪费或项目无法按计划推进。在管理流程方面，决策机制不完善、工作流程烦琐、内部控制制度不健全等都可能引发风险。例如，决策过程缺乏充分的信息和科学的论证，可能导致决策失误；工作流程不清晰可能造成职责不清、推诿扯皮等问题。组织应当通过对内部各个环节和领域的深入排查，识别潜在的风险因素。

2.外部风险因素分析

组织应当关注外部环境变化带来的风险因素。政策法规风险是重要的外部风险之一，政策的调整、法规的变化可能对组织的业务开展产生重大影响。例如，环保政策的收紧可能要求组织增加环保投入，否则组织将面临处罚；税收政策的调整可能影响组织的资金流动和成本结构。市场风险也是不可忽视的因素，市场需求的波动、竞争对手的策略调整、市场价格的变化等都可能带来风险。例如，市场需求突然下降，可能导致产品或服务滞销；竞争对手推出更具竞争力的产品或服务，可能影响组织的市场份额。

3.风险分类与清单编制

组织应当对识别出的风险进行分类整理，以便更好地进行管理和应对。风险按性质分为战略风险、财务风险、运营风险、市场风险等；按来源分为内部风险和外部风险。组织应当在分类的基础上，编制详细的风险清单，清单内容应包括风险名称、风险描述、风险发生的可能性、风险影响程度等信息。例如，对于

“市场需求波动导致产品滞销”这一风险，组织应当在风险清单中详细描述市场需求可能出现的波动情况、产品滞销对销售业绩和资金周转的影响程度，以及根据历史数据和市场分析预估该风险发生的可能性。风险分类与清单编制使风险状况一目了然，为后续的风险评估和应对策略制定提供清晰的依据。

（二）风险应对策略制定

1.风险规避策略实施

对于一些发生可能性高且影响程度严重的风险，组织应当采取风险规避策略。例如，当组织发现某个项目存在巨大的政策风险和市场不确定性，评估认为该项目一旦实施，组织将面临无法承受的损失时，组织应当果断放弃该项目，避免陷入风险困境。在投资决策中，如果发现投资对象的财务状况存在严重问题，可能导致投资无法收回，组织就应拒绝进行投资，规避潜在的风险。风险规避策略虽然能够彻底消除风险，但也可能使组织错失一些发展机会。因此，组织在实施时需要谨慎权衡利弊，确保规避的风险确实大于可能带来的收益。

2.风险降低策略运用

针对无法完全规避的风险，组织应当采取风险降低策略，通过一系列措施降低风险发生的可能性或减轻风险发生后的影响程度。在运营管理方面，组织应当加强内部控制制度建设，优化工作流程，降低因管理不善导致的风险。例如，组织应当建立严格的财务审批制度，加强对资金使用的监管，降低财务风险；优化项目管理流程，明确各环节的责任人和时间节点，提高项目执行的成功率，降低项目延误风险。在技术层面，组织应当采用先进的技术手段和设备，提高应对风险的能力。例如，在信息系统建设中，组织应当采用数据备份、网络安全防护等技术措施，降低信息泄露和系统故障的风险。在人力资源管理方面，组织应当加强员工培训和团队建设，提高员工的专业技能和应对风险的能力，降低人为因素导致的风险。

3.风险转移策略选择

组织可以将部分风险转移给其他方，以减轻自身的风险负担。常见的风险转移方式包括购买保险、签订合同等。组织可以通过购买财产保险、责任保险等，将因自然灾害、意外事故等导致的财产损失和法律责任风险转移给保险公司。例如，组织可以为办公场地和设备购买财产保险，一旦发生火灾、地震等灾害，保险公司承担相应的赔偿责任。在签订合同过程中，组织可以通过合理设置条款，将一些风险转移给合作方。例如，组织可以在采购合同中约定，供应商负责按时交付符合质量标准的货物，如因供应商原因导致货物延期交付或质量不合格，供应商承担相应的赔偿责任。风险转移策略能够在一定程度上降低组织面临的风险，但组织也需要承担一定的成本，如保险费用、合同条款调整可能带来的利益损失等。因此，组织在选择风险转移策略时，需要综合考虑成本和效益。

4.风险接受策略考量

对于一些发生可能性低且影响程度较小的风险组织可以采取风险接受策略。例如，日常办公中偶尔出现的办公用品损耗、设备小故障等风险，对正常运营的影响较小，且处理这些风险的成本相对较低，组织可以选择接受这些风险，在风险发生时进行及时处理即可。在采用风险接受策略时，组织需要对风险进行持续监测，确保风险状况没有发生变化。一旦风险超出可接受范围，组织应及时调整应对策略。同时，组织要做好应对风险的准备工作，如预留一定的应急资金、建立简单的应急处理机制等，以便在风险发生时能够迅速作出反应，将损失控制在最小范围。

三、资源配置与风险管理的协同机制

（一）基于风险评估的资源优先配置

1.风险等级与资源分配关联

组织应当将风险评估结果与资源配置紧密结合，根据风险等级确定资源分配的优先级。对于高风险领域，组织应当优先配置充足的资源，以确保风险得到有效控制。例如，在面临重大公共卫生事件时，组织应当将大量的医疗资源、人力资源、资金资源优先投入到该事件的防控工作中。组织应当调配专业的医疗队伍、购置先进的医疗设备、筹集充足的医疗资金，全力应对该事件带来的风险。对于中风险领域，组织应当采取适当的风险应对措施，降低风险水平。例如，在市场竞争激烈的情况下，为提升产品竞争力，组织应当合理安排研发资源、营销资源，进行产品创新和市场推广，以降低市场份额被竞争对手抢占的风险。对于低风险领域，组织应当在保障基本需求的前提下，适当减少资源投入。组织通过这种风险等级与资源分配的关联机制，确保资源能够精准地投入最需要的地方。

2.应急资源储备规划

组织应当基于风险状况分析，制定科学合理的应急资源储备规划。组织应当针对可能发生的重大自然灾害、公共卫生事件、社会安全事件等，提前储备必要的应急物资、设备和资金。例如，组织应当建立应急物资储备库，储备帐篷、食品、饮用水、药品、医疗器械等物资；配备应急救援设备，如消防车、救护车、挖掘机等；设立应急资金账户，预留一定金额的资金用于应对突发事件。应急资源的储备量应根据风险评估对事件发生可能性和影响程度的预测来确定，确保组织在突发事件发生时，有足够的资源进行应对。同时，组织要定期对应急资源进行检查、维护和更新，保证其处于良好的可用状态。此外，组织还应建立应急资源的调配机制，确保自身在紧急情况下能够迅速、高效地将资源调配到需要的地方。

3.动态资源调整机制

组织应当建立资源配置的动态调整机制，根据风险状况的变化及时调整资源分配。风险是动态变化的，随着时间的推移、环境的改变和应对措施的实施，风险的发生可能性和影响程度可能会发生变化。因此，组织需要持续对风险进行监测和评估，根据新的风险评估结果调整资源配置策略。组织通过动态资源调整机制，能够使资源配置始终与风险状况相适应，提高资源配置的灵活性和有效性。

（二）资源配置优化对风险的缓释作用

1.合理配置资源，降低运营风险

合理的资源配置能够优化内部运营流程，从而降低运营风险。例如，在人力资源配置方面，组织应当根据员工的专业技能和工作能力，合理安排工作岗位，实现人岗匹配，提高员工的工作积极性和工作效率，减少因人员配置不合理导致

的工作失误和效率低下问题。在物资资源配置方面，组织应当优化物资采购和库存管理流程，确保物资的及时供应和合理储备，降低因物资短缺或积压导致的运营风险。组织应当合理规划物资采购计划，根据实际需求和市场供应情况，选择合适的采购时机和供应商，既保证物资的质量和供应稳定性，又避免因采购过多造成资金占用和物资浪费。同时，组织应当优化库存管理，采用科学的库存控制方法，如ABC分类法，对不同重要程度的物资进行分类管理，确保关键物资的充足储备，同时减少不必要的库存成本。

在项目资源配置方面，组织应当根据项目的规模、难度和时间要求，合理分配人力、物力和财力资源，确保项目能够按时、高质量地完成。例如，对于大型复杂项目，组织应当组建专业的项目团队，配备充足的技术人员、管理人员和施工设备，制订详细的项目进度计划和资源分配方案，明确各阶段的任务和资源需求，加强项目过程中的监控和协调，及时解决出现的问题，避免因资源不足或分配不合理导致的项目延误和质量问题。

2.科学调配资源，减少财务风险

科学的资源调配有助于优化财务结构。在资金资源配置上，组织应当合理安排资金的使用和筹集，保障资金有序流转与安全可控。例如，组织应当根据不同项目和业务的资金需求特点，合理确定资金的投入时机和规模，避免资金过度集中在某一项目或业务上而导致的资金周转困难。同时，组织应当优化资金筹集渠道，综合运用财政拨款、银行贷款、债券融资等多种方式，根据成本效益原则和风险承受能力，选择合适的融资方式和融资规模，降低融资成本和财务风险。例如，在利率较低的时期，组织应当适当增加长期贷款的比例，降低融资成本；对于一些风险较高的项目，组织应当优先考虑通过财政拨款或自有资金解决，避免过度负债带来的财务风险。

在资产配置方面，组织应当合理调整资产结构，提高资产的质量和效益。对于闲置或低效的资产，组织应当及时进行清理和处置，回收资金，避免资产的浪费和贬值。同时，优化资产配置，将资产投向具有较高回报率和发展潜力的领域，提高资产的盈利能力。例如，组织应当对办公场地进行合理规划和利用，将闲置的办公空间进行出租或改造，增加收入来源；对于一些老旧设备，组织应当及时进行更新换代，提高生产效率和产品质量，增强资源利用效率。组织通过科学的资产配置和管理，能够有效提升财务状况，强化财务稳定性。

3.精准投入资源，缓解外部风险

精准的资源投入能够增强组织应对外部风险的能力，缓解外部风险带来的影响。在面对政策法规变化风险时，组织应当及时了解政策动态，根据政策要求调整资源配置方向，加大对符合政策导向的领域和项目的资源投入。例如，随着环保政策的日益严格，组织应当加大对环保设施建设、节能减排技术研发等方面的资源投入，确保项目符合环保要求，避免因政策违规而面临的处罚和损失。同时，组织应当积极争取政策支持，利用政策优惠获取更多的资源，如申请环保专项资金、税收减免等，增强自身的竞争力。

在应对市场风险方面，组织应当通过精准的市场调研和分析，了解市场需求的变化趋势和竞争对手的动态，根据市场需求调整资源配置，优化产品或服务结构，提高市场适应性和竞争力。例如，针对市场需求的个性化和多样化趋势，组织应当加大对产品研发和创新的资源投入，推出符合市场需求的新产品或新服务，满足不同客户群体的需求。同时，组织应当加强市场推广和营销资源的投入，提高品牌知名度和市场份额，降低市场风险。在面对自然灾害、公共卫生事件等不可抗力风险时，组织应当提前储备必要的应急资源，建立应急响应机制，确保自身在突发事件发生时能够迅速作出反应，减少损失。例如，在重大公共卫生事件发生时，组织应当提前储备医疗物资、生活物资等应急资源，为员工和服务对象提供保障，同时调整业务模式，如开展线上服务等，降低该事件对业务的影响。

（三）风险管理对资源配置的反馈与优化

1.风险信息驱动资源配置调整

组织在风险管理过程中收集和分析的风险信息为资源配置提供了重要的决策依据。组织通过持续的风险监测和评估，能够及时掌握内部和外部风险的变化情况，根据风险信息对资源配置进行动态调整。例如，当发现某一业务领域的市场竞争加剧，市场份额受到威胁时，组织应当通过风险评估确定风险的严重程度和影响范围，根据评估结果调整资源配置，加大对该业务领域的研发、营销等资

源投入，提升产品或服务的竞争力，以应对市场风险。又如，当政策法规发生变化，对某一项目产生不利影响时，组织应当及时调整资源配置，减少对该项目的资源投入，避免因政策风险导致的损失。同时，组织应当将风险信息与目标规划相结合，根据风险对目标实现的影响程度，调整资源在不同目标和项目之间的分配，确保资源配置始终围绕核心目标进行，提高资源配置的针对性和有效性。

2.风险应对策略引导资源分配方向

不同的风险应对策略决定了资源的分配方向。当组织采取风险规避策略，如决定放弃某个高风险项目时，原本计划投入该项目的资源将被重新分配到其他风险较低、效益较好的项目中。当组织采取风险降低策略时，为了降低运营风险，组织需要加大对内部控制制度建设、员工培训等方面的资源投入；为了降低技术风险，组织需要加大对技术研发和设备更新的资源投入。当组织采取风险转移策略，如购买保险时，组织需要支付相应的保险费用，这部分资源的支出是为了将风险转移给保险公司；在签订合同转移风险时，组织需要在合同条款的谈判和管理上投入一定的人力与时间资源。当组织采取风险接受策略时，组织虽然不需要额外投入大量资源进行风险应对，但需要预留一定的应急资源，以应对可能发生的风险事件。组织根据风险应对策略合理分配资源，确保资源能够有效地用于风险管理，提高风险管理的效果。

3.风险管理效果评估促进资源优化配置

组织应当定期对风险管理效果进行评估，根据评估结果对资源配置进行优化。风险管理效果评估包括对风险控制措施的有效性、风险指标的变化情况、风险应对成本效益等方面的评估。例如，组织通过评估发现某项风险控制措施未能有效降低风险，需要重新审视资源配置是否合理，是否需要加大或调整资源投入。如果发现某一风险指标（如财务风险指标、市场风险指标等）出现恶化趋势，则组织应当探寻背后因素，调整资源配置策略，采取相应的措施进行改进。同时，组织应当对风险应对成本效益进行评估，确保资源的投入能够带来相应的风险管理效果。如果发现风险应对成本过高，而风险降低效果不明显，则组织需要优化风险应对策略，调整资源分配，提升资源运用效能。组织通过风险管理效果评估，能够不断优化资源配置，提高风险管理水平和资源配置的效益。

（四）协同机制的实际案例分析

以某大型公共基础设施建设项目为例，在项目规划阶段，组织充分考虑风险管理因素，对项目实施过程中可能面临的风险进行了全面的识别和评估。组织基于评估分析，确定了项目建设过程中可能面临的政策风险、技术风险、资金风险、工程质量风险等主要风险因素，并根据风险等级制定了相应的风险应对策略。在资源配置方面，组织根据风险应对策略和项目目标，合理分配人力、物力和财力资源。

针对政策风险，组织成立了专门的政策研究小组，投入一定的人力和时间资源，及时跟踪政策法规的变化，确保项目建设符合政策要求。同时，组织积极与政府部门沟通协调，争取政策支持和优惠，为项目的顺利实施创造良好的政策环境。针对技术风险，组织加大对技术研发和技术人员培训的资源投入，引进先进的技术和设备，提高项目的技术水平和质量，降低技术风险。针对资金风险，组织制订了详细的资金预算和资金筹集计划，综合运用财政拨款、银行贷款、债券融资等多种方式筹集资金，确保项目资金的充足供应。同时，组织建立了严格的资金管理制度，强化资金使用管控，降低资金风险。针对工程质量风险，组织组建了专业的工程管理团队，加强对工程建设过程的监督和管理，加大对工程质量检测和验收的资源投入，确保工程质量符合标准。

在项目推进期间，组织持续对风险进行监测和评估，根据风险状况的变化及时调整资源配置。例如，在项目建设过程中，组织发现某一施工环节因技术难题导致进度延误，通过风险评估确定该风险已上升为中风险，当即优化资源安排，加大技术人员和设备投入，邀请专家进行技术指导，解决了技术难题，确保了项目进度。通过资源配置与风险管理的协同机制，该项目顺利完成建设，达到了预期的目标，取得了良好的社会效益和经济效益。

（五）协同机制的持续优化与展望

1.数据驱动的协同模式创新

随着信息技术的快速发展，大数据、人工智能等技术在资源配置和风险管理中的应用越来越广泛。在未来，组织应积极探索数据驱动的协同模式创新，通过收集和分析大量的内部数据与外部数据，为资源配置和风险管理提供更加准确、更加及时的决策依据。例如，组织应当利用大数据技术，对市场需求、政策法规、行业动态等信息进行实时监测和分析，预测潜在的风险和机遇，为资源配置提供前瞻性的指导。同时，组织应当运用人工智能技术对风险进行智能化评估和预警，提高风险管理的效率和准确性。组织应当通过数据驱动的协同模式创新，实现资源配置和风险管理的深度融合，提高自身应对复杂多变环境的能力。

2.跨部门跨领域的协同合作深化

资源配置和风险管理涉及多个部门与领域，组织需要加强跨部门跨领域的协同合作。在未来，组织应进一步打破部门之间的壁垒，建立跨部门的协同工作机制，促进信息共享和资源整合。例如，在制订资源配置计划时，财务部门、业务部门、风险管理部门等应共同参与，从不同角度提供意见和建议，确保资源配置既满足业务需求，又符合风险管理要求。在应对重大风险事件时，各部门应密切配合，形成合力，共同制定和实施风险应对策略。同时，组织应加强与外部合作伙伴的协同合作，整合各方资源，共同应对外部风险。例如，组织应与供应商、客户、政府部门等建立长期稳定的合作关系，在资源共享、风险共担等方面开展合作，提高整体的抗风险能力。

3.适应复杂多变环境的动态协同机制构建

由于环境的复杂性和不确定性日益增加，组织需要构建适应复杂多变环境的动态协同机制。在未来，组织应建立健全风险动态监测和评估体系，及时掌握风险的变化情况，根据风险状况的变化迅速调整资源配置策略。同时，组织应加强对资源配置和风险管理的全过程监控，及时发现和解决出现的问题。此外，组织应加强对未来趋势的研究和预判，预先筹划应对举措，为资源配置和风险管理做好准备。组织应通过构建适应复杂多变环境的动态协同机制，确保自身在不断变化的环境中实现资源的优化配置和风险的有效管理，推动自身的长期稳定发展。

资源配置决策与风险管理的协同机制是组织实现稳健发展、达成营运目标的关键保障。组织应不断创新和优化协同机制，适应环境的变化，提高资源配置的效率和风险管理的水平，为实现可持续发展奠定坚实的基础。

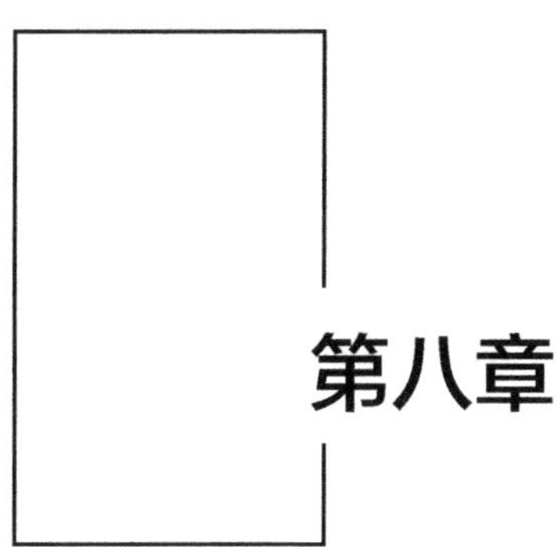

第八章

经济管理与会计实践的创新趋势

第一节　经济管理创新的驱动因素与方向

在当今复杂多变的大环境下，经济管理创新已成为组织实现可持续发展和提升综合竞争力的关键所在。经济管理创新并非偶然发生，而是受到多种内部和外部因素的共同驱动。深入剖析这些驱动因素，并明确创新的方向，对于组织在新的发展阶段中把握机遇、应对挑战具有极为重要的意义。

一、经济管理创新的外部驱动因素

（一）技术革新的强大推力

1.数字化技术引发管理变革

数字化技术的迅猛发展，如大数据、云计算、人工智能等，正深刻地改变着经济管理的模式和方法。大数据技术使得组织能够收集、存储和分析海量的数据，为决策提供了更全面、更精准的依据。例如，在开展一个大型活动时，组织通过大数据分析可以获取参与者的年龄、性别、地域分布、兴趣爱好等多维度信息。组织根据这些数据，能够精准地调整活动内容和宣传策略，提高活动的吸引力和参与度。云计算技术则为组织提供了高效、灵活的计算和存储资源，降低了信息化建设的成本和难度。借助云计算平台，不同部门之间可以实现数据的实时共享和协同工作，大大提高了工作效率。人工智能技术在经济管理中的应用也日益广泛，如智能客服、智能预测等。智能客服可以快速响应客户的咨询和投诉，提高客户满意度；智能预测则可以根据历史数据和市场趋势，对未来的业务发展进行预测，为决策提供前瞻性的支持。

2.信息技术提升管理效率

信息技术的不断进步，使得信息的传递和处理变得更加快捷、更加高效。移动互联网的普及让随时随地获取信息成为可能，工作人员可以通过手机、平板电脑等移动设备实时查看工作进展、接收任务安排等。例如，在外出办公时，工作人员可以通过移动办公应用程序访问内部系统，处理文件、审批流程等，打破了时间和空间的限制。同时，信息技术的发展也促进了管理流程的自动化和智能化。例如，组织利用电子签名技术和自动化审批系统，可以实现文件的在线签署和审批，大大缩短了审批周期。此外，信息技术还为组织提供了更丰富的沟通和协作工具，如视频会议、即时通信软件等，使得远程协作变得更加顺畅，促进了团队之间的交流与合作。

（二）市场环境变化的迫切要求

1.竞争加剧促使管理创新

随着市场的不断开放和发展，组织面临的竞争日益激烈。在这种情况下，传统的经济管理模式已经难以满足发展的需求，组织必须通过创新来提升自身的竞争力。例如，在同一领域中，多个主体争夺有限的资源和市场份额。为了在竞争中脱颖而出，组织需要不断优化管理流程，降低成本，提高产品或服务的质量和效率。组织应当通过创新管理模式，引入精益管理、六西格玛管理等先进的管理理念和方法，对业务流程进行全面的优化和改进，省去不必要的环节。同时，组织还需要加强创新能力，不断推出新的产品或服务，满足市场的多样化需求，以此提高市场竞争力。

2.需求多样化推动管理调整

市场需求的多样化趋势也对经济管理提出了新的挑战。不同的客户群体对产品或服务有着不同的需求和期望，组织只有及时了解并满足这些需求，才能赢得市场。例如，在服务领域，客户对于服务的个性化、定制化要求越来越高。为了满足这一需求，组织需要创新管理模式，加强对客户需求的调研和分析，建立客户关系管理系统，深入了解客户的偏好和需求，为客户提供个性化的服务方案。同时，组织还需要优化供应链管理，提高供应链的灵活性和响应速度，确保自身能够及时提供客户所需的产品或服务。

（三）政策法规变动的引导作用

1.政策支持激发创新活力

政府出台的一系列支持创新的政策，为经济管理创新提供了良好的政策环境和发展机遇。例如，政府出台对科技创新的扶持政策，鼓励组织加大在研发方面的投入，提高自主创新能力。政府通过提供研发补贴、税收优惠等政策措施，降低了创新的成本和风险，激发了创新的积极性。在这些政策的引导下，组织积极开展技术创新和管理创新，推动经济管理模式的转型升级。同时，政府还鼓励绿色发展、高质量发展，出台了相关的政策法规，要求组织在经济管理中注重环境保护和资源节约。这些政策促使组织加强对环保技术的研发和应用，减少对环境的影响，实现经济发展与环境保护的良性互动。

2.法规约束促使管理规范

政策法规的变动不仅为组织经济管理创新提供了支持，还对组织管理提出了更高的规范要求。例如，在数据安全和隐私保护方面，相关法规的出台要求组织加强对客户数据的保护，确保数据的安全和合规使用。为了满足这一要求，组织需要建立完善的数据安全管理体系，加强对数据的收集、存储、传输和使用等环节的管理，采取加密、访问控制等技术手段，防范数据泄露风险。在财务监管、税收管理等方面，相关法规的要求也越来越严格，组织必须加强财务管理的规范化和信息化建设，确保财务数据的真实性、准确性和完整性，遵守相关的税收法规，依法纳税。

二、经济管理创新的内部驱动因素

（一）自身发展需求的内在动力

1.规模扩张带来的管理挑战

随着业务的不断拓展和规模的逐渐扩大，原有的经济管理模式往往难以适应新的发展需求。例如，在规模较小时，组织采用的是相对简单的直线式管理结构，决策流程相对较短，信息传递较为迅速。但当组织规模扩大后，部门增多，层级增加，这种管理结构就容易出现信息传递不畅、决策效率低下等问题。基于这些挑战，组织应当调整管理模式，采用更加灵活、更加高效的管理结构，如矩阵式管理、事业部制管理等。这些管理结构可以更好地整合资源，提高部门之间的协作效率，适应规模扩大带来的管理需求。

2.发展阶段转变对管理的新要求

在不同的发展阶段，组织对经济管理的要求也有所不同。在创业初期，组织更加注重业务的开拓和市场的占领，管理相对较为灵活和粗放。但随着组织进入成长阶段和成熟阶段，组织需要更加注重内部管理的规范化和精细化，以提高运营效率和降低成本。例如，在成长阶段，组织需要建立完善的预算管理体系、成本控制体系和绩效考核体系，加强对各项业务的管理和监控。在成熟阶段，组织需要进一步优化管理流程，提高创新能力，寻找新的增长点，实现可持续发展。因此，组织根据自身发展阶段的转变，及时调整和创新经济管理模式，是实现持续发展的必然要求。

（二）人才结构优化的推动作用

1.高素质人才带来创新理念

拥有一支高素质的人才队伍是经济管理创新的重要保障。高素质人才不仅具备扎实的专业知识和技能，还具有创新思维和开拓精神，能够为组织经济管理带来新的理念和方法。例如，组织应当引进具有先进管理经验和创新理念的高端人才，他们可以带来国内外先进的管理模式和方法，结合实际情况进行创新和应用。这些人才可以提出优化管理流程、提高团队协作效率的新方案，推动经济管理的创新发展。同时，高素质人才还能够积极参与创新项目，发挥自己的专业优势，为创新提供技术支持和智力保障。

2.人才培养促进管理创新

除引进外部人才，加强组织内部人才培养也是推动经济管理创新的重要途径。组织应当通过开展培训、学习交流等活动，提高员工的综合素质和创新能力，促进组织管理创新。例如，组织应当组织员工参加各类管理培训课程，学习先进的管理理念和方法，拓宽员工的视野。组织应当鼓励员工进行经验分享和交流，激发员工的创新思维。同时，组织还可以建立内部创新激励机制，对在管理创新方面表现突出的员工给予奖励和表彰，营造良好的创新氛围，促进管理创新的持续开展。

（三）文化变革的潜移默化影响

1.创新文化营造良好氛围

积极的创新文化能够为组织经济管理创新营造良好的氛围，促使员工释放创新活力。创新文化强调勇于尝试、敢于突破、宽容失败的价值观，鼓励员工在工作中提出新的想法和建议。例如，组织可以通过开展创新大赛、创意分享会等活动，为员工提供展示创新成果的平台，激发员工的创新积极性。在创新文化的熏陶下，员工能够更加主动地参与到组织经济管理创新中，为组织的发展贡献自己的智慧和力量。同时，创新文化还能够吸引更多具有创新精神的人才加入，进一步推动创新的发展。

2.开放文化促进交流合作

开放的文化能够促进组织与外部的交流合作，为组织经济管理创新带来新的思路和资源。开放文化鼓励组织同其他机构或团体进行交流与合作，学习借鉴先进组织的管理经验和技术。例如，组织可以与高校、科研机构开展产学研合作，共同开展课题研究和项目开发，将科研成果转化为实际生产力。组织可以与同行进行交流学习，了解行业内的最新发展动态和先进管理模式，结合自身实际情况进行创新应用。组织通过开放合作，能够获取更多的创新资源和信息，拓宽创新视野，推动经济管理创新的不断深入。

三、经济管理创新的方向探索

（一）管理模式的创新变革

1.数字化管理模式的兴起

随着数字化技术的广泛应用，数字化管理模式逐渐成为经济管理创新的重要方向。数字化管理模式利用大数据、云计算、人工智能等技术，实现管理流程的数字化、智能化和自动化。例如，组织建立数字化的办公平台，实现文件的在线审批、任务的自动分配和进度的实时跟踪。组织利用大数据分析技术，对市场数据、客户数据、财务数据等进行深入分析，为决策提供数据支持。组织通过数字化管理模式，可以提高管理效率，降低管理成本，提升决策的科学性和准确性。

2.柔性化管理模式的应用

柔性化管理模式强调管理的灵活性和适应性，以更好地应对市场环境的变化和组织的发展需求。柔性化管理模式注重员工的个性和需求，采用更加人性化的管理方式，调动员工的主观能动性与创新活力。例如，在工作安排上，组织可以采用弹性工作制度，让员工根据自己的实际情况合理安排工作时间和任务。在团队组建上，组织可以采用项目制的方式，根据项目的需求灵活组建团队，提高团队的协作效率和创新能力。柔性化管理模式可以提高员工的满意度和忠诚度，增强组织的应变能力和竞争力。

（二）决策机制的创新优化

1.数据驱动的决策方式

在大数据时代，数据驱动的决策方式成为组织经济管理创新的重要趋势。数据驱动的决策方式强调以数据为基础，对大量数据进行收集、分析和挖掘。例如，在制定市场策略时，组织通过分析市场调研数据、销售数据、客户反馈数据等，了解市场需求和竞争态势，制定有针对性的市场策略。在投资决策中，组织通过对财务数据、行业数据、宏观经济数据等的分析，评估投资项目的可行性和风险。数据驱动的决策方式可以提高组织决策的准确性和科学性，降低决策的风险。①

2.群体智慧决策的发展

群体智慧决策是指组织通过汇聚多个体的智慧和建议，作出更加科学合理的决策。在经济管理中，群体智慧决策可以通过多种方式实现，如建立专家咨询委员会、开展头脑风暴会议、利用在线协作平台等。例如，在制定发展战略时，组织邀请行业专家、学者、内部管理人员等组成专家咨询委员会，共同探讨发展的方向和策略。在解决复杂问题时，组织安排相关人员开展头脑风暴会议，鼓励大

① 刘培.区块链技术在经济管理中的应用及其效益分析[J].企业改革与管理,2024(18):9-11.

家提出各种想法和建议，通过集体讨论和分析，找到最佳解决方案。组织通过群体智慧决策，可以充分发挥不同个体的优势和智慧，提高决策的质量和水平。

（三）资源配置的创新思路

1.基于价值链的资源整合

基于价值链的资源整合是指组织从整个价值链出发，对上下游的资源进行整合和优化，提高资源的利用效率和竞争力。例如，在供应链管理中，组织与供应商建立紧密的合作关系，实现信息共享和协同运作，完善采购流程，减少采购成本开支。在销售板块，组织与客户建立良好的沟通机制，了解客户需求，提供个性化的服务。组织通过基于价值链的资源整合，可以实现资源的共享和互补，提高整个价值链的效率和效益。

2.动态资源配置策略

动态资源配置策略是指组织根据市场环境的变化和自身的发展需求，及时调整资源的配置，以实现资源的最优利用。例如，在市场需求发生变化时，组织及时调整生产计划和资源分配，将资源集中投入到市场需求旺盛的产品或服务中。在技术创新方面，组织根据技术发展的趋势和自身的研发能力，动态调整研发资源的配置，确保组织在关键技术领域保持领先地位。组织通过动态资源配置策略，可以提高资源的响应速度和灵活性，更好地适应市场的变化。

（四）风险管理的创新举措

1.全面风险管理体系的构建

全面风险管理体系的构建是经济管理创新在风险管理方面的重要体现。全面风险管理体系要求组织对面临的各种风险进行全面、系统的识别、评估和控制。例如，组织应当建立风险识别机制，通过对组织内部和外部环境的分析，识别可能面临的市场风险、信用风险、操作风险、法律风险等。组织应当建立风险评估模型，对识别出的风险进行量化评估，确定风险的严重程度和发生概率。组织应当建立风险控制措施，针对不同的风险采取相应的控制策略，如风险规避、风险降低、风险转移、风险接受等。组织通过全面风险管理体系的构建，可以提高自身应对风险的能力。

2.风险预警与应急机制的完善

风险预警与应急机制的完善是提高组织风险管理水平的关键。风险预警机制通过对各种风险指标的监测和分析，及时发现潜在的风险。例如，组织建立财务风险预警指标体系，对资产负债率、流动比率、利润率等财务指标进行实时监测，当指标偏离正常范围时，系统立刻推送风险提醒。应急机制则使组织在风险发生时，能以最快速度触发应急预案流程，采取有效的措施进行应对，降低风险损失。例如，组织制定自然灾害应急预案、市场危机应急预案等，明确应急响应流程和责任分工，确保在风险发生时能够迅速、有效地进行应对。组织通过完善风险预警与应急机制，可以提高自身对风险的防范和应对能力，保障自身的安全运营。

四、经济管理创新的案例分析

（一）项目资源配置优化案例

1.项目背景与初始资源配置情况

某大型项目旨在开展一项具有创新性的科研工作，涉及多个学科领域和专业团队。在项目初期，资源主要依据各团队的初步需求和以往经验进行分配。在人力资源方面，组织按照各学科的大致需求分配了研究人员，但对项目各阶段的具体工作重点预估不足，部分阶段的某些专业人员过剩，而另一些关键环节却人手短缺。在资金资源方面，初期的预算分配相对平均，组织没有充分考虑到项目不同阶段的资金需求差异。例如，在项目的实验阶段，组织需要大量资金用于购买先进的实验设备和材料，但由于前期资金分配不合理，实验设备采购进度受阻，影响了项目的整体进度。

2.实施精准化资源分配策略后的效果

针对项目初期资源配置存在的问题，组织引入了精准化资源分配策略。首先，组织对项目进行了详细的任务分解和进度规划，明确了每个阶段的工作重点和资源需求。组织通过对项目数据的深入分析，结合各学科团队的实际工作进展，重新调配了人力资源。组织将过剩的专业人员调配到急需的关键环节，提高了人力资源的利用效率。在资金资源方面，组织根据项目各阶段的实际需求，重新制定了预算分配方案。在实验阶段，组织加大了资金投入，确保实验设备和材料的及时采购，保障了实验的顺利进行。通过实施精准化资源分配策略，项目的进度得到了有效保障，原本因资源配置不合理导致的延误问题得到了解决。项目的成果质量也得到了显著提高，由于资源能够精准匹配到各关键环节，研究人员能够更加专注地开展工作，取得了一系列创新性的科研成果，为后续的应用和发展奠定了坚实的基础。

（二）服务模式创新案例

1.服务现状与面临的挑战

在提供公共服务过程中，原有的服务模式较为传统，主要以线下服务为主，服务流程烦琐，用户体验不佳。例如，在办理某项业务时，用户需要到指定的服务网点排队取号，填写大量纸质表格，提交相关材料，经过多个部门的审核和审批，整个过程耗时较长。而且，由于各部门之间信息不共享，用户可能需要重复提交相同的材料，这给用户带来了极大的不便。随着社会的发展和用户需求的变化，这种传统的服务模式面临着巨大的挑战，用户对服务效率和质量的要求越来越高，组织迫切需要进行服务模式的创新。

2.线上线下融合服务模式的实施与成效

为了应对挑战，组织积极探索线上线下融合服务模式。在线上，组织建立了功能完善的服务平台，用户可以通过平台进行业务预约、在线咨询、表格下载和填写等操作。当用户在平台上提交业务申请后，系统会自动将申请信息推送到相关部门，各部门可以在线进行审核和审批。同时，平台还提供了实时进度查询功能，用户可以随时了解自己的业务办理进度；在线下，组织对服务网点进行了优化升级，减少了排队等候区域，增加了自助服务设备，如自助填表机、自助打印机等。用户在到达服务网点后，可以通过自助服务设备快速完成相关操作，然后到指定窗口进行材料提交和审核。通过线上线下融合服务模式的实施，服务效率得到了大幅提高。用户办理业务的时间从原来的数小时缩短到数分钟至数小时不等，具体时间取决于业务的复杂程度。同时，服务质量也得到了显著提升，用户不再需要重复提交材料，各部门之间的信息共享使得审核和审批更加顺畅，用户满意度大幅提高。这种服务模式的创新不仅提升了组织的服务形象，还为其他组织提供了有益的借鉴。

第二节　经济管理与会计创新的协同发展路径

一、树立协同发展的理念

（一）强化全员协同意识

1.开展全面深入的宣传教育

为使协同发展理念扎根于每一位成员心中，组织需全方位、多层次地开展宣传教育活动。一方面，组织应当组织一系列内部培训课程，邀请业内资深专家以及在协同发展领域有丰富实践经验的专业人士举办讲座。在讲座中，专家以生动详细的案例为切入点，深度剖析经济管理与会计创新协同发展的重要性。例如，专家详细讲述经济管理会计创新的协同发展在资源调配、成本控制和决策制定等方面取得显著成效的实例，以及协同不足导致资源浪费、决策失误，进而影响整体发展的反面案例。专家通过对比，让成员直观感受到协同发展的重要意义。

另一方面，组织应当充分利用内部多种宣传渠道。组织应当在内部宣传栏精心设计并张贴协同发展的专题海报，内容涵盖协同发展的概念、目标、实施步骤和成功案例等。组织应当在电子显示屏滚动播放相关视频资料，以动态形式展示协同发展在实际工作中的应用场景和积极效果。同时，组织应当借助办公软件系统定期推送协同发展的资讯和知识要点，包括最新的行业动态、研究成果和内部实践经验等。组织应当通过这些多样化的宣传方式，营造浓厚的协同发展氛围，使成员在日常工作中随时随地都能接触到协同发展的相关信息，从而潜移默化地强化协同意识。

2.将协同理念深度融入日常工作流程

协同理念不能停留在宣传层面，而要切实融入日常工作的每一个环节和流程。在制订各类工作计划和目标时，组织应当明确规定各部门和岗位在经济管理与会计创新协同方面的具体职责和任务。例如，在规划一项大型项目时，组织应当从项目筹备阶段开始，要求项目团队成员不仅关注项目的业务目标和预期效益，还充分考虑会计核算和财务管理的需求。在项目预算编制过程中，项目团队需与财务人员紧密合作，共同确定各项费用的预算额度，确保预算既符合项目实际需求，又在财务可控范围内。在项目实施过程中，组织应当要求项目团队及时向财务部门反馈项目进展情况和相关财务数据，以便财务部门能够准确、及时地进行账务处理，为项目的成本控制和资金管理提供有力支持。

此外，组织应当建立健全协同工作的沟通机制。组织应当定期组织跨部门的沟通会议，让不同部门的成员能够就工作中涉及经济管理与会计协同的问题进行交流和讨论。在会议中，组织应当及时解决工作中出现的协同难题，分享协同工作的成功经验，促进各部门之间的协作与配合。组织应当通过这些措施，使每一位成员在日常工作中都能深刻体会到协同发展的重要性，逐渐养成协同工作的良好习惯。

（二）建立协同发展的战略规划

1.明确且具有前瞻性的协同发展目标

制定明确、科学的协同发展目标是实现经济管理与会计创新协同发展的核心要点。协同发展目标应紧密围绕组织的长期战略愿景和当前实际发展状况，并充分考虑内外部环境的变化趋势。例如，组织设定在未来五年内，通过优化经济管理流程和会计核算体系，实现运营成本降低15%，资金使用效率提高30%，决策支持的准确性和及时性提升40%等具体量化目标。这些目标不仅要具有明确的可衡量指标，还要具备一定的挑战性和前瞻性，能够引领组织在协同发展的道路上不断前进。

同时，协同发展目标的制定要充分征求各部门的意见和建议，确保目标既符合整体利益，又得到各部门的认同和支持。组织可以组织多轮跨部门的研讨会议，让不同部门的成员从自身工作角度出发，对协同发展目标提出看法和建议。组织应当通过充分的沟通和协商，使目标更加科学合理。

2.制定详尽且切实可行的实施步骤

为确保协同发展目标能够顺利实现，组织需要制定详细、周密的实施步骤和时间表。组织应当将协同发展任务分解为若干个具体的子任务，并明确每个子任务的责任部门、责任人和完成时间节点。例如，在推进经济管理流程与会计核算流程整合的过程中，第一步由综合管理部门牵头，组织相关部门对现有流程进行全面梳理和评估，时间设定为两个月；第二步由财务部门和业务部门共同制定流程整合方案，明确整合的重点环节、实施步骤和预期效果，时间设定为三个月；第三步由信息技术部门负责按照整合方案对相关信息系统进行改造和升级，确保新流程能够在信息系统中顺畅运行，时间设定为四个月；第四步在部分业务领域进行试点运行，对整合后的流程进行测试和优化，时间设定为一个月；第五步为全面推广实施，时间设定为半个月。组织通过这种详细、具体的规划和安排，确保协同发展工作能够有条不紊地推进，各项任务能够按时、高质量地完成。[①]

二、优化协同发展的流程

（一）业务流程与会计流程的深度融合

1.以业务流程为导向精心设计会计流程

在以往的工作模式中，业务流程与会计流程往往相互独立、各自为政，这导致信息传递不及时、不准确，严重影响了工作效率和决策质量。为打破这种局面，实现两者的高效协同，组织必须以业务流程为导向，对会计流程进行重新设计和优化。

例如，在物资采购业务流程中，从采购需求的提出、供应商的筛选、采购合同的签订，到物资的验收、入库和款项的支付等各个环节，会计流程都应紧密跟进。在采购需求提出阶段，会计人员要参与其中，结合过往采购数据和成本预算情况，为采购部门提供成本控制的参考建议，帮助采购部门合理确定采购预算。

① 李志鹏.经济信息在经济管理中的作用探析[J].现代商业研究,2024(14):155-157.

在供应商筛选环节，会计人员要对供应商的财务状况进行分析和评估，包括供应商的偿债能力、盈利能力、资金流动性等指标，为采购部门选择优质供应商提供财务支持。在采购合同签订中，会计人员要对合同中的财务条款进行审核，确保合同条款符合财务规范和风险控制要求。在物资验收和入库环节，会计人员要及时获取验收信息和入库单，进行准确的账务处理，确保存货账目与实际库存相符。在款项支付环节，会计人员要严格按照合同约定和财务审批流程进行支付操作，同时对支付情况进行详细记录和跟踪。组织通过这种方式，使会计流程与业务流程实现无缝对接，信息能够在两者之间实时共享和传递，有效提高工作效率和数据准确性。

2.建立动态的流程反馈与调整机制

业务流程和会计流程并非一成不变，随着内外部环境的不断变化，如政策法规的调整、市场需求的变化、技术的进步等，流程需要不断进行优化和调整。因此，建立一套科学、有效的流程反馈与调整机制很重要。

定期通过问卷调查、座谈会、一对一访谈等方式，广泛收集各部门和员工对业务流程与会计流程的反馈意见。组织应当对收集到的意见进行分类整理和深入分析，找出流程中存在的问题和不足之处，如流程烦琐、环节重复、信息传递不畅、职责不清等。组织应当针对这些问题，组织相关部门和专业人员进行深入研讨，共同制定改进措施和优化方案。在制定方案时，组织要充分考虑各方面的因素，确保方案既具有针对性和可操作性，又满足未来一定时期内的发展需求。

在改进方案实施后，组织要对流程的运行情况进行持续跟踪和评估。组织应当通过对比改进前后的工作效率、成本控制效果、数据准确性等指标，判断改进措施是否有效。如果发现改进后的流程仍存在问题或出现新的情况，组织要及时对流程进行再次调整和优化。组织应当通过这种动态的流程反馈与调整机制，使业务流程和会计流程始终保持高效、协同的运行状态。

（二）决策流程与会计信息支持的紧密协同

1.会计信息在决策流程中的前置深度介入

在决策过程中，及时、准确、全面的会计信息支持是组织作出科学决策的关键因素。因此，组织必须将会计信息支持前置到决策流程的各个环节，使会计人员能够深度参与决策过程。

在重大项目立项决策前，会计人员要提前介入项目的可行性研究工作。会计人员应当通过对项目的成本预算、收益预测、资金需求和风险评估等方面进行详细的财务分析，为决策者提供全面、准确的财务数据支持。例如，在评估一个基础设施建设项目时，会计人员要对项目的建设成本进行详细核算，包括土地购置费用、工程建设费用、设备采购费用、人员薪酬等各项支出。同时，会计人员要对项目建成后的运营成本进行预测，包括水电费、设备维护费、人员工资等。会计人员要根据市场调研数据，对项目的收益进行预测，包括项目的收费标准、预计客流量、收入增长趋势等。会计人员通过计算项目的投资回收期、净现值、内部收益率等财务指标，为决策者提供项目是否可行的明确建议。

在制定长期发展战略规划时，会计人员要根据历史财务数据和对未来市场趋势的分析，为决策者提供关于成本结构、盈利能力、资金状况等方面的详细分析报告。例如，会计人员通过对过去五年的财务数据进行分析，找出成本变动的规律和主要影响因素，预测未来成本的发展趋势。同时，会计人员要分析不同业务板块的盈利能力，为战略规划中业务板块的调整和优化提供依据。此外，会计人员还要对组织的资金状况进行评估，包括资金的来源、资金的使用效率、资金的流动性等，为战略规划中的资金配置提供建议。

2.建立精准高效的决策支持会计信息模型

为更好地满足决策对会计信息的多样化需求，组织需要建立一套科学、精准的决策支持会计信息模型。组织应当通过对大量的财务数据和非财务数据进行整合、分析与挖掘，运用先进的数据处理技术和分析方法，构建各种适用于不同决策场景的信息模型。

例如，组织建立成本控制模型，通过对成本动因的深入分析，找出影响成本的关键因素，如原材料价格、生产工艺、人工效率等。组织利用历史数据和相关统计方法，建立成本与各动因之间的数学关系模型。该模型能够根据不同的业务场景和条件，预测成本的变化趋势，为成本控制决策提供精准的依据。又如，组织建立预算编制模型，结合自身的战略目标、历史数据、市场预测等因素，运用定量分析和定性分析相结合的方法，制定合理的预算方案。该模型能够根据不同部门和业务的特点，自动生成相应的预算指标，并能够对预算执行情况进行实时监控和分析，及时发现预算偏差并提出调整建议。

另外，组织还可以建立风险评估模型，对面临的各种风险进行量化评估。组织通过收集和分析市场风险、信用风险、财务风险等相关数据，运用风险评估方法和模型，计算出风险发生的概率和可能造成的损失程度。该模型为决策者提供风险预警信息，帮助决策者制定相应的风险应对策略。

三、搭建协同发展的技术平台

（一）建立高度集成的一体化信息系统

1.深度整合经济管理与会计信息系统

当前，经济管理信息系统与会计信息系统往往相互独立，数据无法实时共享和交互，严重制约了经济管理与会计创新的协同发展。因此，组织迫切需要建立一套高度集成的一体化信息系统，实现两者的深度融合。

在系统整合过程中，组织首先要统一数据标准和接口规范。组织应当制定一套涵盖经济管理和会计领域的统一数据字典，明确各类数据的定义、格式、编码规则等，确保不同系统之间的数据能够准确、一致地进行交换和共享。同时，组织应当建立标准化的接口规范，使经济管理信息系统（如项目管理系统、人力资源管理系统、物资管理系统等）与会计信息系统（如财务核算系统、预算管理系统、成本管理系统等）能够通过接口实现数据的互联互通。

例如，会计人员在项目管理系统中录入的项目进度、成本支出、人员投入等信息，能够通过接口实时同步到会计信息系统中，自动生成相应的会计凭证和财务报表。反之，会计信息系统中的预算数据、成本分析结果、财务审批意见等信息，也能够及时反馈到项目管理系统中，为项目的进度控制、成本管理和资源调配提供重要依据。组织通过这种深度的数据整合，实现了经济管理与会计信息的实时共享和交互，有效提高了工作效率和决策的准确性。

2.持续优化信息系统的功能集成与用户体验

一体化信息系统不仅要实现数据的整合，更要注重功能的集成与优化，以满足日益增长的业务需求和协同发展要求。在系统设计过程中，组织要充分考虑经济管理与会计创新的协同需求，将相关功能模块进行有机整合。

例如，组织应当将财务分析功能与业务分析功能进行集成，使管理者能够在一个平台上同时从财务和业务这两个角度对运营情况进行综合分析。管理者通过点击相关按钮或输入查询条件，能够快速获取业务数据与财务数据的关联分析结果，如各业务板块的收入、成本、利润情况，以及这些数据与预算、历史数据的对比分析等。同时，组织应当对信息系统的用户界面进行优化，使其更加简洁、直观、易用。组织应当采用人性化的设计理念，合理布局功能菜单和操作界面，减少用户的操作步骤和学习成本。组织通过提供实时在线帮助和操作指南，方便用户在使用过程中遇到问题时能够及时得到解决。

此外，组织应当定期对信息系统进行升级和维护，根据业务发展的新需求和用户反馈的意见，不断完善系统功能，修复系统漏洞，确保信息系统能够始终保持高效、稳定的运行状态，为经济管理与会计创新的协同发展提供有力的技术支撑。

（二）充分利用大数据技术提升协同效率

1.大数据技术在成本管理中的应用

大数据技术为经济管理与会计创新的协同发展提供了强大的技术支持，在成本管理方面表现尤为突出。会计人员通过收集和分析海量的内外部数据，能够深入挖掘成本控制的潜力，为降低成本提供有力依据。

在采购环节，会计人员可以利用大数据技术对历史采购数据进行分析，包括采购价格、采购数量、供应商信息、采购时间等。会计人员可以通过数据挖掘算法，找出不同供应商在不同时间段的价格波动规律以及影响采购价格的关键因素。例如，会计人员通过分析发现，某类原材料在每年的特定月份，由于供应商的生产计划调整或市场供需关系变化，价格会出现明显下降。基于此，采购人员调整采购计划，在价格低谷期增加采购量，由此高效实现采购成本的降低。同时，会计人员可以利用大数据技术对供应商的信誉、交货及时性、产品质量等信息进行综合评估，建立供应商评价体系，为采购人员选择优质供应商提供科学依据，进一步降低采购风险和成本。

在生产环节，大数据技术可以对生产过程中的各项数据进行实时采集和分析，如设备运行数据、原材料消耗数据、生产工艺参数等。组织可以通过建立生产过程的数据分析模型，找出影响生产成本的关键因素和潜在的成本节约机会。例如，会计人员通过分析发现，某台生产设备在运行到一定时长后，能耗会显著增加，同时产品次品率也会上升。基于此项分析结论，生产部门制订设备维护计划，提前对设备进行维护和保养，降低设备能耗和产品次品率。

2.大数据技术在风险管理中的应用

在风险管理方面，大数据技术同样发挥着重要作用。组织可以利用大数据技术对市场动态数据进行实时监测和分析，如市场价格波动、竞争对手动态、消费者需求变化等。当市场价格出现大幅波动、竞争对手推出具有竞争力的新产品或服务、消费者需求发生重大变化时，市场风险预警系统能够及时发出预警信号，为决策者提供应对市场风险的时间和空间。例如，系统通过对某类产品的市场价格数据进行分析，发现近期价格持续下降，且下降趋势超出了正常范围。决策者根据这一预警信息，及时调整生产计划和营销策略，降低库存水平，避免价格下跌造成的损失。

大数据技术还可以对财务数据进行深度分析，识别潜在的财务风险。组织可以通过建立财务风险评估模型，对资产负债率、流动比率、速动比率、应收账款周转率等财务指标进行实时监测和分析。当财务指标出现异常变化时，如资产负债率过高、流动比率过低、应收账款周转率下降等，系统能够即刻推送风险警示，提醒管理者关注财务风险，并采取相应的措施进行防范和化解。例如，会计人员通过分析发现组织的应收账款周转率持续下降，且部分客户的应收账款账龄较长。组织根据这一情况，及时加强应收账款的管理，加大催收力度，降低坏账风险。

四、培养协同发展的人才队伍

（一）提升会计人员的经济管理能力

1.系统开展经济管理知识培训

为使会计人员能够更好地适应经济管理与会计创新协同发展的需求，组织必须系统地开展经济管理知识培训，制订全面、科学的培训计划，涵盖管理学、经济学、项目管理、市场营销学等多个领域的知识。

培训方式应多样化，采用线上线下相结合的模式。线下培训邀请高校知名教授、单位资深高管等专家进行集中授课。专家通过深入浅出的讲解、丰富的案例分析和现场互动交流，使会计人员能够深入理解经济管理的基本理论和实践应用。例如，在管理学课程中，专家详细讲解组织架构设计、人力资源管理、领导理论等知识，并结合实际案例分析不同管理模式的优缺点和适用场景。在线上培训方面，组织利用专业的在线学习平台，提供丰富的经济管理课程资源，包括视频讲座、在线测试、案例讨论等。会计人员可以根据自己的时间和学习进度，自主选择学习内容，进行随时随地的学习。

此外，组织应当定期组织会计人员参加经济管理领域的研讨会和学术交流活动，让他们了解行业最新的研究成果和实践经验。系统的培训使会计人员不仅具备扎实的会计专业知识，还掌握丰富的经济管理知识，为会计人员更好地参与经济管理工作奠定坚实基础。

2.加强会计人员的实践锻炼

在系统学习经济管理知识的基础上，为会计人员提供丰富的实践锻炼机会至关重要。组织应当安排会计人员参与各类经济管理项目，使其在实际工作中积累经验，提高解决问题的能力。例如，组织应当让会计人员全程参与到大型项目的策划与执行中，从项目的前期调研、可行性分析，到项目的实施过程中的成本控制、资源调配，再到项目结束后的效益评估，全方位了解项目的经济管理流程。在此期间，会计人员运用所学的经济管理知识，协助项目团队制定合理的预算方案，监控项目成本支出，分析项目的经济效益，为项目的顺利推进提供有力的财务支持。

同时，组织应当鼓励会计人员参与业务部门的日常工作，组织会计人员与业务人员密切合作，深入了解业务运作模式。通过参与业务流程的各个环节，会计人员能够更好地理解业务活动背后的经济逻辑，从而更准确地进行会计核算和财务管理。例如，组织可以安排会计人员定期到物资采购部门，参与采购谈判、合同签订等工作，了解采购业务的实际操作流程和风险点。这样一来，会计人员在进行采购成本核算和供应商财务评估时，能够更加精准地把握相关信息，为经济管理决策提供更具价值的建议。

（二）提高经济管理人员的会计素养

1.开展针对性的会计知识培训

开展具有针对性的会计知识培训是提升经济管理人员会计素养的关键。培训内容应紧密围绕经济管理工作中与会计相关的实际需求，重点讲解会计基础知识、财务报表分析、成本管理预算编制等方面的内容。

在培训方式上，组织可以采用集中授课与案例分析相结合的方法。组织可以邀请资深会计专家进行集中授课，系统讲解会计的基本概念、会计的科目设置、财务报表的构成等基础知识，使经济管理人员对会计有初步的认识和理解。随后，专家通过大量实际案例分析，引导经济管理人员运用所学的会计知识进行财务分析和决策。例如，专家选取不同类型的财务报表案例，让经济管理人员分析组织的财务状况、盈利能力和偿债能力，通过实际操作加深其对财务报表分析方法的掌握。同时，组织可以组织经济管理人员进行小组讨论，分享自己在实际工作中遇到的与会计相关的问题和经验，促进相互学习和交流。

2.强化经济管理人员的实操培训

为了确保经济管理人员能够将所学的会计知识应用到实际工作中，组织需要强化实操培训。组织应当通过模拟实际工作场景，让经济管理人员进行会计核算、成本计算、预算编制等操作练习。例如，组织设计一系列模拟业务场景，要求经济管理人员根据给定的业务数据，进行会计凭证的填制、账簿的登记和财务报表的编制。在这个过程中，会计人员可以在现场进行指导，及时纠正经济管理人员在操作中出现的错误，帮助他们掌握正确的会计核算方法。

此外，组织应当鼓励经济管理人员参与财务部门的日常工作，亲身体验会计工作的流程和要求。例如，组织可以安排经济管理人员到财务部门实习一段时间，参与财务报销审核、预算执行监控等工作。通过实际参与财务工作，经济管理人员能够更加深入地了解会计信息的生成过程和财务管理的重要性，从而在今后的经济管理工作中，更加注重同财务部门的沟通与协作，更好地运用会计信息进行决策。

五、完善协同发展的监督与评估机制

（一）建立全方位的协同发展监督体系

1.明确监督主体与职责分工

构建一套全面、有效的协同发展监督体系，首先要明确监督主体及其职责分工。组织应当成立专门的协同发展监督小组，成员包括高层管理人员、财务部门负责人、内部审计人员和各业务部门的代表。高层管理人员负责对监督工作进行总体指导和协调，确保监督工作与组织的整体战略目标保持一致；财务部门负责人主要负责监督会计流程的合规性，以及会计信息的准确性和完整性；内部审计人员承担对经济管理活动和协同发展项目的审计监督职责，检查组织是否存在违规操作、资源浪费和风险隐患等问题；各业务部门代表则从业务实际出发，对业务流程与会计流程的协同情况进行监督，及时反馈在实际工作中发现的问题。

为了确保监督工作的顺利开展，组织应当制定详细的监督工作制度和流程，明确规定监督小组的工作方式、工作频率和问题处理机制。例如，监督小组每个月至少召开一次工作会议，汇报监督工作进展情况，讨论和解决监督过程中发现的问题。对于重大问题，监督小组应当及时向高层管理人员汇报，并组织相关部门进行专项研究和整改。

2.加大对关键环节的监督力度

在经济管理与会计创新协同发展的过程中，对关键环节的监督尤为重要。监督小组应当重点监督业务流程与会计流程的融合情况，检查数据在两个流程之间的传递是否及时、准确，会计核算是否按照规定的流程和标准进行。例如，监督小组应当定期检查采购订单、验收单与会计凭证之间的数据一致性，确保采购业务的财务处理准确无误。

同时，监督小组要加强对决策流程与会计信息支持协同的监督。监督小组应当监督会计信息是否能够及时、有效地提供给决策者，决策者是否充分利用会计信息进行决策。例如，在重大项目投资决策过程中，监督小组应当审查会计人员提供的财务分析报告是否全面、准确，决策者在决策时是否对报告中的关键信息进行了充分考虑和分析。此外，监督小组应当对协同发展项目的实施进度、资金使用情况和预期效果实现情况进行严格监督。监督小组应当定期对项目进行实地检查和评估，确保项目按照预定计划推进，资金使用合理合规，达到预期的协同发展目标。

（二）构建科学合理的协同发展评估指标体系

1.确定全面且具针对性的评估指标

构建科学合理的评估指标体系是准确衡量经济管理与会计创新协同发展效果的核心。评估指标应全面涵盖协同发展的各个方面，包括协同效率、协同效益、协同质量等。

（1）协同效率

在协同效率方面，组织应当设置业务流程处理时间缩短率、信息传递及时性等指标。业务流程处理时间缩短率反映了当业务流程与会计流程融合后，业务办理效率的提升情况；信息传递及时性则衡量了经济管理信息与会计信息在不同部门之间传递的速度和准确性。

（2）协同效益

在协同效益方面，组织应当确定成本降低率、资金使用效率提升率、经济效益增长率等指标。成本降低率体现了组织通过协同发展在成本控制方面取得的成效；资金使用效率提升率反映了资金在经济管理活动中的周转速度和使用效果的改善情况；经济效益增长率则综合衡量了协同发展对整体经济效益的促进作用。

（3）协同质量

在协同质量方面，组织应当设立会计信息准确性、决策支持有效性等指标。会计信息准确性确保了会计核算和报告的质量，为经济管理决策提供可靠的数据基础；决策支持有效性则评估了会计信息在辅助决策者作出科学决策方面的实际效果。此外，组织应当根据不同阶段的协同发展重点和目标，适时调整和补充评估指标，确保指标体系具有较强的针对性和适应性。

2.定期开展严谨的评估与反馈工作

组织应当根据评估指标体系，定期对经济管理与会计创新协同发展情况进行全面、严谨的评估。评估周期可根据实际情况确定，以季度或半年为一个评估周期较为适宜。在评估过程中，组织应当收集相关的数据和信息，运用科学的评估方法进行分析和评价。例如，组织可以通过问卷调查、实地访谈、数据分析等方式，全面了解各部门在协同发展过程中的实际情况，获取各项评估指标的具体数据。

在评估结束后，组织应当及时向相关部门和人员反馈评估结果。评估报告应详细阐述协同发展取得的成绩、存在的问题和改进建议。对于协同发展工作表现突出的部门和个人，组织应当给予公开表彰和奖励，激发全体成员的积极性和创造性；对于存在问题的部门，组织应当要求其制订详细的整改计划，并跟踪整改落实情况。同时，组织应当将评估结果作为制订下一阶段协同发展战略和计划的重要依据，通过不断总结经验教训，持续优化协同发展路径，推动经济管理与会计创新协同发展水平的不断提升。

结束语

在探索现代经济管理与会计实践创新的旅程中，笔者与读者一起走过了一段充实且富有意义的道路。在此，笔者衷心感谢每一位读者陪伴完成这场知识的探索。

经济管理与会计领域始终处于动态发展之中，随着全球经济一体化进程的加速，以及数字技术、人工智能等新兴科技的不断涌现，这两个领域正面临着前所未有的变革与机遇。虽然笔者在创作本书时努力呈现当下的前沿知识与理念，但面对如此快速的发展，本书更像是一颗投向湖面的石子，期望激起读者对相关问题深入思考的层层涟漪。

笔者希望各位读者在合上本书后，能够将书中所学运用到实际工作和学术研究中。无论是在日常的财务核算工作中尝试新的会计方法，还是在制定经济管理策略时引入创新思维，每一次的实践应用都是对本书价值的延伸与拓展。同时，笔者也期待读者在各自的领域中，能够敏锐捕捉到经济管理与会计实践的新趋势，为推动这两个领域的发展贡献自己的智慧与力量。

学术的进步离不开每一位学者、从业者的共同努力。如果本书能在某种程度上为读者的工作提供便利，或为读者的研究提供灵感，那将是笔者最大的欣慰。再次感谢读者的支持与阅读，愿读者在未来继续探索，共同见证现代经济管理与会计实践领域不断创新、持续发展的辉煌时刻。让我们一起期待，在未来能看到更多基于这些知识所创造的经济价值与社会价值。

参考文献

[1] 高雯萱.智能化财务管理与建设研究[M].北京:文化发展出版社，2024.

[2] 安玉琴，孙秀杰，宋丽萍.财务管理模式与会计审计工作实践[M].北京:中国纺织出版社，2023.

[3] 乔鹏程.区块链会计理论研究[M].厦门:厦门大学出版社，2022.

[4] 王言.中国经济发展新阶段研究[M].太原:山西经济出版社，2021.

[5] 周国光.财务会计研究[M].北京:中国书籍出版社，2019.

[6] 刘荣.人工智能时代财务会计向管理会计转型研究[J].现代营销(上旬刊),2025(01):7–9.

[7] 王思琦.管理会计在财务管理中的应用研究[J].中国农业会计,2025,35(01):15–17.

[8] 刘阔.新公共管理理论视角下事业单位经济管理的优化策略研究[J].投资与创业,2024,35(24):113–115.

[9] 胡光敏,张玉洁.基于大数据的经济管理优化措施探究[J].老字号品牌营销,2024(23):39–41.

[10] 刘培.区块链技术在经济管理中的应用及其效益分析[J].企业改革与管理,2024(18):9–11.

[11] 张建伟,杨成业.基于大数据的经济管理优化策略探究[J].中国集体经济,2024(24):17–20.

[12] 李志鹏.经济信息在经济管理中的作用探析[J].现代商业研究,2024(14):155–157.

[13] 赵小莉.大数据时代下提升经济管理成效的思考[J].现代商业研究,2024(13):179–181.

[14] 张韵.新经济时代人力资源管理中的经济管理对策研究[J].老字号品牌营销,2024(10):100–102.

[15] 左珊.人工智能在经济管理领域的应用与挑战[J].投资与创业,2024(09):182–184.

[16] 肖朝英.经济管理综合应用型人才培养模式探究[J].经济师,2024(02):176–177.

[17] 李路明,李立芳.基于管理效能提升背景下财务管理信息系统建设[J].国际商务财会,2024(24):37-40.
[18] 罗俊晖.数字化时代深化管理会计应用探析[J].会计之友,2025(01):131-135.
[19] 田艳.大数据时代财务会计向管理会计的转型措施[J].投资与创业,2024,35(24):64-66.
[20] 张雯.供应链视角下管理会计信息化协同效应研究[J].辽宁经济职业技术学院・辽宁经济管理干部学院学报,2024(06):17-19.
[21] 李憋劼,王海燕.基于智能财务的管理会计报告探索与实践[J].中国管理会计,2024(06):8-16.
[22] 崔柏晔.信息化背景下财务会计与管理会计的融合[J].经济师,2024(12):91-92.
[23] 王洪娟.基于管理会计的财务管理转型[J].财富时代,2024(11):116-118.
[24] 赵伟钰.大数据时代管理会计转型发展研究[J].商业观察,2024,10(33):102-105.
[25] 黄冰冰,马元驹.基于财务报告主要使用者需求的利润确定与列报[J].财会月刊,2025,46(01):76-80.
[26] 乌兰敖敦.盈余管理对财务报告可靠性的影响研究[J].中国集体经济,2024(34):125-128.
[27] 黄桂宾.预算一体化与财务风险管理[J].合作经济与科技,2025(02):160-162.
[28] 苏青青.财务共享服务的风险管理及其应对机制探讨[J].老字号品牌营销,2024(22):55-57.
[29] 冯帅.内控视角下财政预算绩效管理体系的构建[J].中国集体经济,2021(35):94-95.
[30] 李美红.风险管理与内部控制的比较分析[J].金融客,2024(10):138-140.
[31] 刘琳,李春兰,孟晓烨.规范会计基础工作 提升单位会计工作管理水平[J].财讯,2024(18):132-134.
[32] 赵全珍.会计基础工作实践中存在的问题与对策研究[J].中国集体经济,2024(19):145-148.
[33] 王晓钊,沈海燕.数智化时代风险评估与内部控制评价体系研究[J].工信财经科技,2024(06):80-91.
[34] 刘宇欣.内部控制对会计信息质量的影响研究[J].活力,2024,42(19):58-60.
[35] 陈学梅.项目管理决算中的资源配置与成本控制策略研究[J].财讯,2024(12):25-27.
[36] 王婷婷.预算管理在优化资源配置方面的路径探索[J].金融文坛,2024(04):69-71.

[37] 黄剑耀,张雅婷.创新推动数字化时代的绩效管理[J].当代广西,2023(24):16.

[38] 李方苏.内部控制与风险管理关系研究[J].企业改革与管理,2024(21):22–23.

[39] 邹旺健.论规范预算单位会计基础工作的必要性与应对措施[J].中国集体经济,2024(32):169–172.

[40] 俞燕雯.财务报告中税收信息披露对投资者决策的影响[J].纳税,2024,18(15):16–18.

[41] 赵玉梦.信息化背景下行政事业单位财务会计优化策略研究[J].中国集体经济,2025(02):165–168.

[42] 李云峰.新会计法下会计信息化变革与创新[J].新会计,2024(12):10–15.

[43] 陈莹莹.全面预算管理在财务管理工作中的多维应用研究[J].广东经济,2024(24):58–60.

[44] 蔚国锋.财务报表分析在投资决策中的应用[J].中国经贸导刊,2024(14):34–36.

[45] 王修刚.云计算环境下的财务管理信息系统设计与应用[J].纳税,2024,18(13):97–99.

[46] 陈卓.财务智能化建设下全面预算管理体系建设与实践[J].财讯,2024(14):31–33.

[47] 张耀杜.预算管理与成本控制的集成策略[J].销售与管理,2024(33):123–125.

[48] 罗宗建.管理会计创新应用与实践[J].市场周刊,2024,37(30):49–52.

[49] 玉宇.财务人员工作绩效管理与激励机制研究[J].上海企业,2024(11):175–177.

[50] 金蓉.绩效管理对提升人力资本价值与经济增长的作用研究[J].中国集体经济,2024(30):149–152.